WIENER ADVOCATUR BUREAU

Die höchstgerichtliche Entscheidung

Eine empirische Studie zur Entscheidungsfindung
in Zivilrechtssachen am OGH.

Veronika Haberler

Wien 2014

Zitiervorschlag:
Haberler, Die höchstgerichtliche Entscheidung (2014), Seite [...]

© 2014 Dr Veronika Haberler, MAS, MLS / Wiener Advocatur Bureau

Autorin: Haberler, Veronika

Verlag: Wiener Advocatur Bureau (info@advocatur-bureau.at)
          Melicharek Rechtsanwalts GmbH, Wien
Verlagsort: Wien, Österreich
ISBN: 978-3-9503816-0-3
Hersteller: tredition GmbH, Hamburg
Herstellungsort: Deutschland (Printed in Germany)

Bibliografische Information der Deutschen Nationalbibliothek:
Die Deutsche Nationalbibliothek verzeichnet diese Publikation in der Deutschen Nationalbibliografie; detaillierte bibliografische Daten sind im Internet über http://dnb.d-nb.de abrufbar.

Bibliografische Information der Österreichischen Nationalbibliothek:
Die Österreichische Nationalbibliothek verzeichnet diese Publikation im ihrem Katalog, nähere Informationen unter http://www.onb.ac.at/.

Inhaltsverzeichnis

Abkürzungsverzeichnis

Abs	Absatz
Art	Artikel
BDG 1979	Bundesgesetz vom 27. Juni 1979 über das Dienstrecht der Beamten (Beamten-Dienstrechtsgesetz 1979 - BDG 1979)
BGBl	Bundesgesetzblatt
bspw	beispielsweise
B-VG	Bundes-Verfassungsgesetz (B-VG)
bzw	beziehungsweise
ca	circa
dh	das heißt
div	divers
DRdA	Das Recht der Arbeit
etc	et cetera
evt	eventuell
f	folgende
ff	fortfolgende
GOG	Gerichtsorganisationsgesetz bzw Gesetz vom 27. November 1896, womit Vorschriften über die Besetzung, innere Einrichtung und Geschäftsordnung der Gerichte erlassen werden (Gerichtsorganisationsgesetz - GOG)
hA	herrschende Ansicht
hL	herrschende Lehre
Hrsg	Herausgeber

idF	in der Fassung
idgF	in der geltenden Fassung
idR	in der Regel
idS	in diesem Sinn
ieS	im engeren Sinn
insb	insbesondere
IO	Bundesgesetz über das Insolvenzverfahren (Insolvenzordnung - IO)
iSd	im Sinne der/des
iS	im Sinne
iVm	in Verbindung mit
iwS	im weiteren Sinn
iZm	in Zusammenhang mit
JN	Jurisdiktionsnorm bzw Gesetz vom 1. August 1895, über die Ausübung der Gerichtsbarkeit und die Zuständigkeit der ordentlichen Gerichte in bürgerlichen Rechtssachen (Jurisdiktionsnorm - JN)
KPABGB	Kundmachungspatent zum ABGB
lit	literis
mMn	meiner Meinung nach
mwN	mit weiteren Nachweisen
odgl	oder dergleichen
OGH	Oberster Gerichtshof
OGHG	OGH-Gesetz bzw Bundesgesetz vom 19. Juni 1968 über den Obersten Gerichtshof
OGH-Geo	Geschäftsordnung des Obersten Gerichtshofes 2005 (OGH-Geo 2005)

OLG	Oberlandesgericht
ÖJZ	Österreichische Juristen-Zeitung
PV	Parteienvernehmung
RIS	Rechtsinformationssystem des Bundes
RS	Rechtssatz
Rsp	Rechtsprechung
RStDG	Bundesgesetz über das Dienstverhältnis der Richterinnen und Richter, Staatsanwältinnen und Staatsanwälte und Richteramtsanwärterinnen und Richteramtsanwärter (Richter- und Staatsanwaltschaftsdienstgesetz - RStDG)
Rz	Randziffer
sa	siehe auch
sog	sogenannte
StPO	Strafprozeßordnung 1975 (StPO)
stRsp	ständige Rechtsprechung
tw	teilweise
ua	und andere
udgl	und dergleichen
UVG	Bundesgesetz über die Gewährung von Vorschüssen auf den Unterhalt von Kindern (Unterhaltsvorschußgesetz 1985 - UVG)
va	vor allem
vgl	vergleiche
VfGH	Verfassungsgerichtshof
VwGH	Verwaltungsgerichtshof
WGN 1997	Erweiterte Wertgrenzen-Novelle 1997 - WGN 1997

wobl	Wohnrechtliche Blätter
Z	Ziffer
zB	zum Beispiel
zit	zitiert
ZPO	Zivilprozessordnung bzw Gesetz vom 1. August 1895, über das gerichtliche Verfahren in bürgerlichen Rechtsstreitigkeiten (Zivilprozessordnung - ZPO)
zT	zum Teil

Vorwort

Die vorliegende Studie ist für ein interdisziplinäres Publikum mit primär juristischem oder aber sozialwissenschaftlichem Hintergrund gedacht. Um den Leserinnen und Lesern den Einstieg zu erleichtern, möchte ich einleitend knappe Hinweise zur Verwendung dieses Buches geben.

Die JuristInnen unter Ihnen werden keinen Kommentar oder Ratgeber ieS finden. Der Text soll vielmehr als Einheit wirken und gelesen werden, wenngleich auch – für Ungeduldige – die Lektüre einzelner Kapitel für sich genommen gut möglich ist. Um das Gesagte kritisch hinterfragen zu können, empfiehlt es sich dennoch, das Buch ganz ‚konservativ‘ von Beginn bis Schluss zu lesen.

Ich bin mir sicher, dass Sie dem gesamten Text gut folgen können und auch von den – der empirisch-wissenschaftlichen Untersuchung geschuldeten – Überlegungen und Ausführungen zur methodischen Herangehensweise profitieren werden.

Jene, welche sich rasch einen Überblick über die beteiligten *Akteur-Innen* machen möchten, sei Kapitel 2.3 empfohlen; Kapitel 2.4 informiert detailliert über den *Ablauf des Entscheidungsprozesses*. Das die Studie beschließende Kapitel 2.5 erläutert die Bedeutung von *Wissen* sowie die *Logiken der Entscheidungsfindung*.

Wie erwähnt ist die Studie vor allem dies: eine empirische Studie der höchstgerichtlichen Entscheidungsfindung und kein Ratgeber, ein ‚unschlagbares Rechtsmittel‘ zu gestalten. Dennoch dürfen und sollen Sie als Rechtsberatende oder Rechtsinteressierte Ihre Schlüsse ziehen und Ihr Verständnis für Abläufe und Zusammenhänge am OGH schärfen.

Wien, April 2014   Veronika Haberler

Einleitung

Dieses Forschungsvorhaben war durchaus ein besonderes: Das Thema des weitgehend unbeackerten Forschungsfelds der höchstgerichtlichen Entscheidungsfindung in Zivilrechtssachen in Österreich rief gleichermaßen spontane Interessensbekundungen an den Ergebnissen, wie auch eine vorsichtig-kritische Haltung gegenüber der fachfremden Disziplin Soziologie bei den Teilnehmenden hervor. Dementsprechend war und sind die Erwartungen von allen Seiten vergleichsweise groß.

Umso wichtiger ist es mir, einleitend klar herauszustreichen, was diese Arbeit sein soll, und auch, was sie nicht sein soll. Aus wissenschaftlicher Sicht hoffe ich, einen Beitrag für eine Theorie der zivilrechtlichen höchstgerichtlichen Entscheidungsfindung leisten zu können, welcher datenbasiert kritisch, wissenschaftlich reflektierend und zugleich respektvoll für die höchstgerichtliche Tätigkeit sein soll.

Die Qualität steigt mit allen Beteiligten.
Ein OGH-Richter, 2013

Dieses Zitat und das Qualitätsbewusstsein eines der von mir interviewten OGH-RichterInnen aufgreifend, hoffe ich, zum besseren Verständnis des Zusammenspiels der AkteurInnen untereinander und der handlungsleitenden Überlegungen beizutragen und auch die kritischen Momente sowie die gegebenen Entwicklungspotenziale aufzuzeigen und deren Förderung anzuregen.

Insbesondere möchte ich noch meinen GesprächspartnerInnen am OGH herzlich danken, welche ihr Wissen und ihre Expertise offen mit mir geteilt haben. Dank gebührt auch meinem Betreuer[1] HR Professor Dr *Georg Kodek*, welcher sich für dieses Forschungsvorhaben einsetzte und – den Feldzugang eröffnend – überhaupt möglich gemacht hat.

---

[1]   Die empirische Studie entstand im Rahmen eines Post Graduate Studiums der Excecutive Academy an der Wirtschaftsuniversität Wien.

14

1. Die höchstgerichtliche Instanz in Zivilrechtssachen

Jedes Jahr werden an den OGH rund 2.800 bis 3.000 Rechtsmittel in Zivilsachen herangetragen[2]. Aktuell sind für deren Erledigung 40 OGH-RichterInnen in zehn Senaten[3] (zzgl des Senats für Kartellrechtssachen) zuständig. Im arithmetischen Mittel entfallen also pro Jahr rund 300 neue Rechtsmittel auf jeden Zivilsenat. Jeder Senat setzt sich aus fünf Mitgliedern zusammen: aus vier BerichterstatterInnen sowie aus einem bzw einer Vorsitzenden. Im Jahr 2012 wurden 2.250 Fälle vom OGH entschieden; 2010 waren es 2.470[4]. Folglich entfallen jährlich etwa 80 Akten-Erledigungen auf jedes berichterstattende Mitglied, bei einem relativ konstanten (dh erwartbaren Schwankungen unterliegendem) Akten-Anfall.

Wie alle Rechtsmittel, so sollen auch Revisionen bzw Revisionsrekurse an den OGH der *Einzelfallgerechtigkeit* dienen und „richtige" Entscheidungen in Zivilrechtssachen herbeiführen. Darüber hinaus sollen Entscheidungen des Höchstgerichts aber insbesondere auch dem Interesse der Allgemeinheit an einer *einheitlichen Judikatur* entsprechen.[5]

---

[2] Tätigkeitsbericht des OGH 2012, Seite 8; die Daten sind nur bedingt mit jenen der Statistik Austria (welche wiederum hinsichtlich der Rechtsmittel an den OGH auf Daten der „Betrieblichen Informationssysteme" BIS-JUSTIZ basieren) vergleichbar bzw verknüpfbar, da wohl unterschiedliche Zählweisen des Aktenanfalls vorgenommen werden sowie auch nicht die gleichen/gleich definierten Daten-Kategorien angegeben werden.

[3] Vgl hierzu auch die Website des OGH http://ogh.gv.at/de/ogh/geschaeftsverteilung (17.01.2014).

[4] Statistische Jahrbücher der Statistik Austria aus 2012 und 2014, dort jeweils Tabelle 35.07.

[5] Nach *E. Kodek* kommt dieser Zweck auch in den Revisionsgründen sowie der Zulässigkeitsbeschränkung zum Ausdruck, siehe *E. Kodek* in *Rechberger* 2006[3], Vor § 502 ZPO, Rz 4 sowie § 502 ZPO, Rz 12.

Der OGH soll funktionell kontrollierend, aber auch richtungweisend entscheiden; sprich, die Entscheidungen sollen eine über den Einzelfall hinausgehende Bedeutung für die österreichische Rechtspraxis haben. So normiert bereits § 502 Abs 1 ZPO sehr klar:

> *„Gegen das Urteil des Berufungsgerichts ist die Revision nur zulässig, wenn die Entscheidung von der Lösung einer Rechtsfrage des materiellen Rechts oder des Verfahrensrechts abhängt, der zur Wahrung der Rechtseinheit, Rechtssicherheit oder Rechtsentwicklung erhebliche Bedeutung zukommt, etwa weil das Berufungsgericht von der Rechtsprechung des Obersten Gerichtshofs abweicht oder eine solche Rechtsprechung fehlt oder uneinheitlich ist.“* [6]

Rechtsfragen, welche diese Voraussetzungen nicht erfüllen, soll der Zugang zum OGH verwehrt bleiben.

Der OGH ist über eine verfassungsrechtliche Vorschrift – in Art 92 Abs 1 B-VG – eingerichtet. Als oberste Instanz soll der OGH über Zivil- und Strafrechtssachen jedenfalls letztinstanzlich entscheiden. Jedoch bedeutet das nicht, dass auch jeder Fall zwingend Zugang zum OGH erhalten muss. Diese Regelung bestimmt vielmehr, dass keine weitere Instanz über dem OGH stehen darf. Daher ist es zulässig, dass Zugangsbeschränkungen auf einfacher Gesetzesebene installiert werden, um dem OGH die Erfüllung seiner Leitfunktion in der Judikative zu ermöglichen. Unter welchen Voraussetzungen also der OGH in Zivilrechtssachen angerufen werden darf, ist in der ZPO[7] geregelt.

---

[6] § 502 Abs 1 ZPO, Hervorhebungen durch Autorin.

[7] Da die vorliegende Arbeit rein auf die zivilgerichtliche Tätigkeit fokussiert, werden Bestimmungen des Strafrechts gänzlich außer Acht gelassen.

Weitere wichtige Rechtsquellen sind das OGHG sowie die Geschäftsordnung des OGH (OGH-Geo)[8]. Diese sollen im Folgenden kurz dargestellt werden:

Anders als bei den übrigen ordentlichen Gerichten, ist die strukturelle Organisation des OGH nicht im GOG, sondern in einer eigenen Rechtsquelle, nämlich im OGHG festgelegt. Der Oberste Gerichtshof ist *„das oberste Organ der ordentlichen Gerichtsbarkeit"* (§ 1 Abs 1 O-GHG). Das OGHG definiert die innere Organisationsstruktur des OGH als solches, aber auch dessen Tätigwerden in Senaten (§§ 6 bis 8 O-GHG), die Geschäftsverteilung (§ 13 OGHG), die zuarbeitenden Stellen (Evidenzbüro und Amtsbibliothek §§ 14 und 21 OGHG) und ferner die Pflicht des Präsidenten des OGH, durch Verwaltungsverordnung eine Geschäftsordnung (§ 22 OGHG) einzurichten udgl.

Die Geschäftsordnung des OGH (OGH-Geo) regelt im Detail die inneren Organisationsstrukturen[9] und -abläufe. So werden allgemeine Bestimmungen zum Dienst[10], Vorschriften für die Führung der Register[11] sowie der Akten[12] genauso geregelt, wie die Veröffentlichung von Entscheidungen[13], die Vorschriften für das Evidenzbüro und die Amtsbibliothek[14].

Trotz dieser durchwegs sehr detaillierten organisatorischen Regelungen gibt es keinerlei Anleitung, *wie* RichterInnen bei der Entscheidungsfindung vorgehen sollen. Implizite Anhaltspunkte aus gesatztem Recht

---

[8] Das OGHG, § 16 RStDG sowie ein Auszug aus der OGH-Geo sind im Anhang dieser Arbeit zu finden.
[9] Siehe bereits § 22 Abs 1 OGHG.
[10] Vgl hierzu I. Abschnitt OGH-Geo.
[11] Vgl hierzu III. Abschnitt OGH-Geo.
[12] Vgl hierzu IV. Abschnitt OGH-Geo.
[13] Vgl hierzu IX. Abschnitt OGH-Geo.
[14] Vgl hierzu X. bzw XII. Abschnitt OGH-Geo.

sowie der Rsp gibt es nur hinsichtlich des Produkts bzw des Ergebnisses ihrer Entscheidungstätigkeit: zu Beschlüssen bzw Urteilen. So normiert § 417 Abs 1 und 2 ZPO bspw die schriftliche Gestaltung und Gliederung eines Urteils. Ansonsten sind RichterInnen schon nach Art 87 Abs 1 B-VG in Ausübung ihres richterlichen Amtes frei.

Das Wissen über die Gestaltung der tatsächlichen Entscheidungsfindung bleibt also nur der Sozialisierung in der Berufsausbildung, durch die AusbildungsrichterInnen der RichteramtsanwärterInnen bzw allenfalls dem Prüfungsstoff gem § 16 RStDG vorbehalten. Ein Hinweis darauf, dass auch allgemeines Praxiswissen aus der richterlichen Tätigkeit geprüft werden könnte, findet sich in § 16 Abs 4 Z 8 RStDG: So soll auch *„die Gestaltung richterlicher Entscheidungen und Verfügungen"* Gegenstand der mündlichen Richteramtsprüfung sein. Aber auch dies zielt wohl eher auf das Wissen um die formale Gestaltung richterlicher Entscheidungen (vgl § 417 ZPO) und nicht auf die eigentliche Entscheidungsfindung ab. Interessant ist auch die Ausnahmebestimmung gem § 26 Abs 2 RStDG für UniversitätsprofessorInnen, welche auch gänzlich ohne richterliche Praxis oder Prüfung zu RichterInnen ernannt werden können.

Die richterliche Entscheidungsfindung selbst ist also weitestgehend formal-juristisch ungeregelt und es obliegt den RichterInnen, ihre Herangehensweise und ihren Arbeitsalltag zu gestalten. Wie dies die HöchstrichterInnen in Zivilrechtssachen tun, soll die vorliegende Arbeit zeigen.

2. Die Studie – Höchstgerichtliche Entscheidungsfindung in der Praxis

Der gewählte Zugang, höchstrichterliche Entscheidungstätigkeit zu erforschen, war ein explorativ-deskriptiver. Der Fokus lag auf dem *Wie:* Wie funktioniert, geschieht und organisiert sich die höchstgerichtlich-zivilrechtliche Tätigkeit in der Praxis? Wie findet sie ganz konkret statt? Wie entstehen Entscheidungen? Welche Aspekte spielen dabei eine Rolle? Dieses Vorgehen war einerseits der dünnen Forschungsausgangslage – soweit ersichtlich, gibt es in Österreich keine vergleichbare empirische Forschung, andererseits auch dem daraus entstandenen, persönlichen Forschungsinteresse geschuldet.

Die richterliche (Entscheidungs-)Tätigkeit ist ganz allgemein, insbesondere aber auch am OGH, zumindest in weiten Teilen der Öffentlichkeit oder auch einer umfassenden freien Beforschung entzogen. Finden in den Vorinstanzen die Verhandlungen noch weitestgehend öffentlich statt, und kann man die Richterinnen und Richter (zumindest) im Verhandlungssaal bei ihrer Arbeit beobachten, so entzieht sich das Ergebnis daraus – nämlich das (erstinstanzliche) Urteil oder der Beschluss – idR der Öffentlichkeit und ist nur den betroffenen Akteuren (Parteien und Rechtsvertretern) bekannt[15]. Aber auch diesen involvierten AkteurInnen entzieht sich, wie der Richter oder die Richterin letztendlich zum erlassenen Urteil kam, denn auch die Begründung in der ergangenen Entscheidung lässt die getroffenen Erwägungen nur erahnen. Welche gedanklichen Wege, Überlegungen, kollegialen Unterredungen, Recherchen sowie Thesen und deren Prüfung die urteilenden RichterInnen im

---

[15] Dies gilt vor allem in zivilgerichtlichen Verfahren; im Strafverfahren wird die Öffentlichkeit nur in Ausnahmefällen eingeschränkt (Schutz von Minderjährigen udgl, siehe §§ 229 StPO, 172 ZPO).

Zuge des Entscheidungsprozesses[16] anstellten, lässt sich der veröffent-
lichten Entscheidung nicht entnehmen. Insofern unterscheidet sich eine
Beforschung der richterlichen Entscheidungsfindung der Vorinstanzen
von jener des OGH wohl nur bedingt. Beiden ist gemein, dass die richterliche Praxis des Entscheidens und Urteilens – also Antwort auf die
eingangs erwähnte Frage nach dem *Wie* – unbekannt ist, wenngleich das
Gesetz gewisse allgemeine Handlungsgrundsätze[17] vorgibt und (anonymisierte) Entscheidungen veröffentlicht werden[18].

Die vorliegende Studie soll einen analytisch-deskriptiven Blick hinter die Kulissen gewähren und den Prozess der Entscheidungsfindung in
dichten Beschreibungen einfangen, sowie weiters auch Zusammenhänge
und Strukturen herausarbeiten. Dabei sollen die LeserInnen einen (wenn
auch nicht abschließenden und alleingültigen) datengestützten Eindruck
von der richterlichen Tätigkeit bekommen und so besser verstehen und
nachvollziehen können, welche Logiken das Tätigkeitsfeld der RichterInnen strukturieren und leiten.

Da das beforschte Feld ein sehr sensibler Bereich des öffentlichen
Interesses ist, muss auch in der Analyse und in der Darstellung und
Erläuterung der Daten mit Bedacht gearbeitet werden. Allen InterviewpartnerInnen wurde eine streng anonyme Auswertung zugesagt,
weshalb manche Details zur Zusammensetzung des Datensamplings
nicht dargestellt werden.

---

[16] Vgl hierzu auch § 413 ZPO.
[17] So bspw die Pflicht, Urteile zu begründen, vgl §§ 414, 415 und 417 ZPO.
[18] Auch zweit- bzw ober-/landesgerichtliche, seltener bezirksgerichtliche Entscheidungen werden veröffentlicht.

2.1. Methodologische Aspekte: Qualitativer Zugang und Grounded Theory

Richterinnen und Richter handeln – wie alle Gesellschaftsmitglieder – nicht im luftleeren Raum. Handeln ist immer eingebettet in einen sozialen Kontext, welcher durch Handelnde, Handlungsspielräume und Spielregeln geprägt ist. Dieses Gefüge ist einer rekonstruktiven sozialwissenschaftlichen Analyse zugänglich. Die vorliegende Arbeit bezieht ihr methodologisches und theoretisches Fundament aus interpretativen und wissenssoziologischen Zugängen der Sozialwissenschaften, welche im Folgenden kurz skizziert werden sollen.

Handeln – also intentionales, gerichtetes Tun – setzt Wissen voraus. Wissen über die Welt, die Mitmenschen und die Regeln des Miteinanders. Dieses Wissen wird im Zuge von gesellschaftlichen Sozialisierungsprozessen erworben. Wir können zwischen ganz allgemeinem und spezialisiertem Wissen unterscheiden. Zu den spezialisierten Wissensbeständen zählen etwa auch das Wissen über das Entstehen und das Mitwirken am Entscheidungsfindungsprozess von OGH-Urteilen. Die klassischen Vertreter der Wissenssoziologie *Peter Berger* und *Thomas Luckmann* messen Spezialwissen eine besondere Bedeutung in der Erledigung von berufstypischen Alltagssituationen bei. Die dabei *externalisierten* Handlungen[19] erzeugen in einem ständigen Prozess der Realisierung handlungsleitende Muster und Routinen sowie ein bestimmtes fachliches Vokabular.

Das rechtschaffende, rechtsberatende, rechtsprechende, rechtsanwendende und rechtswissenschaftliche Kollektiv hat eine – wenn auch nicht ausschließlich explizite und damit abschließend konkrete – Vorstellung davon, wie Rechtsprechung, richterliche Entscheidungs-

---

[19] *Berger/Luckmann* 2004 (1966): 55f.

findung und rechtliche Interpretation ablaufen soll. Systemimmanentes (Fach-)Wissen wird von den AkteurInnen in einem *sekundären Sozialisationsprozess* erworben bzw. *internalisiert.*[20] Die dabei laufend generierten Wissensbestände sind in einer soziologischen Analyse von besonderem Interesse und sollen auch Gegenstand dieser Studie sein.

Das intersubjektiv geteilte Wissen beinhaltet ablaufspezifisches oder auch prozessorientiertes Wissen, (rechtliches) Fachwissen, das Wissen um Handlungslogiken und Erwartungshaltungen der involvierten AkteurInnen. Dieses Wissen kann in einem rekonstruktiven, interpretativen Analyseverfahren deskriptiv erfasst werden. Ziel ist es, den kollektiven Wissensbestand der OGH-RichterInnen hinsichtlich der Entscheidungsfindung zu dekonstruieren und analytisch zu typischen professionellen Orientierungsmustern und -strukturen zu verdichten.

Die OGH-RichterInnen werden also als ExpertInnen ihres Fachs und ihrer fachlichen Tätigkeit begriffen, welche explizite und implizite Antworten auf die Forschungsfrage liefern können. Die primäre Datenerhebung erfolgte diesen Überlegungen gemäß mittels *theoriegenerierender ExpertInnen-Interviews*[21]. Diese Erhebungsmethode wurde von *Michael Meuser* und *Ulrike Nagel* ausführlich diskutiert. Dabei streichen sie die spezifische Qualität von Expertenwissen hervor und schlagen vor, wie die damit verbundenen Besonderheiten angemessen im Erhebungsprozess berücksichtigt werden können. Für die vorliegende Arbeit genügt es, auf die praktische Umsetzung in der Interviewsituation zu fokussieren[22].

---

[20] *Berger/Luckmann* 2004 (1966): 148ff.

[21] Siehe hierzu auch die diesem Typus zugrundeliegenden Überlegungen nach *Meuser/Nagel* bzw. auch *Glaser/Strauss* zusammengefasst bei *Bogner/Menz* 2005 (2002): 36ff.

[22] Für eine vertiefende Auseinandersetzung mit der Methode des ExpertInnen-Interviews kann – neben *Meuser/Nagel* – insbesondere auch *Froschauer/Lueger* 2005 (2002) empfohlen werden.

Gearbeitet wurde mit einem offenen Gesprächsleitfaden, welcher auf erzählgenerierenden Fragen fußte und nur grobstrukturiert die interessierenden Themenfelder vorgab. Diese Vorgangsweise wurde gewählt, um den ExpertInnen vor allem zu Beginn der Datenerhebung möglichst viel Raum hinsichtlich der von ihnen für relevant erachteten Themen und Besonderheiten ihrer Tätigkeit zu geben.

Erst im Zuge des laufenden Interviews, insbesondere aber mit Fortschritt der parallelen Analyse, wurden die Fragen auch gezielter und konkreter auf bestimmte Aspekte zugeschnitten, um so die bereits generierten Erkenntnisse zu prüfen, zu verfeinern und umfassender einordnen zu können.

In Abgrenzung zu anderen Formen von offenen Interviews interessieren bei ExpertInnen-Interviews jedoch idR nur jene Wissensbestände, welche unmittelbar mit dem ExpertInnen-Status in Verbindung stehen. Der Fokus liegt auf dem fach- und prozessbezogenen Handlungswissen und nicht etwa auf der interviewten Person in ihrem individuellen oder kollektiven Lebenszusammenhang. Das Individuum, dessen Orientierungen oder Wertehaltungen und Einstellungen spielen nur insofern eine Rolle, als sie tatsächlich (auch) im fachlichen Kontext eine Rolle spielen.

Als gegenstandsangemessene empirische Vorgehensweise wurde die, die Studie insgesamt rahmende, Forschungslogik bzw die Auswertungsmethodik der *Grounded Theory* nach *Barney G. Glaser* und *Anselm L. Strauss* gewählt. Die Grounded Theory bietet als methodologisches Konzept die Möglichkeit, eine datenbasierte Theorie sukzessive und wissenschaftlich kontrolliert zu entwickeln. Ergebnis der so betriebenen Forschung soll eine *materiale Theorie mittlerer Reichweite* sein[23].

---

[23] *Glaser/Strauss* 1998 (1967): 42.

Eine solche wurde in der vorliegenden Arbeit zur höchstgerichtlichen Entscheidungsfindung angestrebt.

2.2. Datensampling & Qualitätssicherung

In weiterer Folge werden das der Studie zugrunde liegende Datenmaterial dargestellt und im nachfolgenden Kapitel die methodologisch-theoretischen Überlegungen hinsichtlich des Datensamplings und der Gestaltung des Forschungsprozesses näher erläutert.

2.2.1 Die analysierten Daten und deren Sampling

Die Population, welche hier vordergründige Relevanz hat und über welche datenbasierte theoretische Aussagen formuliert werden sollen, ist jene der (aktuell) 40 zivilen HöchstrichterInnen am obersten Gerichtshof. Hiervon haben 10 RichterInnen einen Senatsvorsitz[24] als SenatspräsidentInnen inne und sind 30 als BerichterstatterInnen tätig.

Die zentralen, der Studie zugrunde gelegten Daten wurden im Rahmen von ExpertInnen-Interviews erhoben (Primärdaten). Insgesamt wurden mit zwölf Mitgliedern des Obersten Gerichthofs Gespräche geführt und rund 15 Stunden Interviewmaterial gesammelt und ausgewertet. Dies entspricht etwa einem Viertel der OGH-RichterInnen in Zivilrechtssachen. Nahezu aus jedem Senat waren zumindest ein, zum Teil auch zwei RichterInnen – darunter auch Vorsitzende – im Sampling vertreten.[25] Die InterviewpartnerInnen hatten zum Zeitpunkt der Erhebung gemeinsam mehr als 120 Jahre Erfahrung als RichterInnen des OGH; sieben der interviewten RichterInnen hatten jeweils bereits mehr als 10 Jahre höchstgerichtliche Berufserfahrung. Wenn man so möchte,

---

[24] Hinzuzuzählen wäre – wenn dieser Senat auch nicht den gleichen Gegebenheiten unterliegt – daher allenfalls noch die 16. Senat in Kartellrechtssachen.

[25] Die Senatszugehörigkeit kann auch als gegebene Gruppenzugehörigkeit iSd Grounded Theory verstanden werden und wurde in dieser Untersuchung auch so berücksichtigt (vgl *Glaser/Strauss* 1998 (1967): 57ff).

sind die Daten hinsichtlich der Variablen „Berufserfahrung am OGH" und „Rolle" insgesamt gut gestreut[26], da sowohl jüngere, als auch ältere Mitglieder im Datensampling bzw BerichterstatterInnen und Vorsitzende gleichermaßen vertreten sind. Oder anders formuliert, allfällige Besonderheiten, welche (ausschließlich) mit der wachsenden Erfahrung einhergehen (könnten), können so vermieden oder aber erkannt werden. Weiters wurde ein Mitglied des Evidenzbüros interviewt.

Hinsichtlich der Datenqualität bzw der Auswertung von qualitativen Daten möchte ich noch Folgendes anmerken: Prinzipiell wurden die Daten software-gestützt ausgewertet. Weiters handelt es sich bei den erhobenen Interviewdaten um Tonbandtranskripte bzw Mitschriften, welche im Zuge der Erhebung gesammelt wurden. Das Arbeiten mit Tonbandtranskripten hat den großen Vorteil, dass die Analyse deutlich strukturierter und präziser erfolgen kann, da die Flüchtigkeit der Gesprächsdaten aufgehoben und die Erhebung von der Interpretation und Auswertung weitestgehend getrennt werden kann. Beides trägt zur Qualität der Ergebnisse positiv bei.

Der Feldzugang wurde über Hofrat Prof Dr *Georg Kodek* unter Zustimmung des OGH-Präsidenten Hon-Prof Dr *Eckart Ratz* im Jänner 2013 ermöglicht. Dabei wurden über den OGH-internen Mail-Verteiler alle 40 ZivilrichterInnen des OGH über das Forschungsvorhaben informiert und zur Teilnahme aufgefordert. In einer ersten Erhebungsrunde erklärten sich acht Richterinnen und Richter bereit, sich für ein Gespräch zur Verfügung zu stellen. Mittels sogenannten Schneeballsystems[27] – also durch Nominierung weiterer GesprächspartnerInnen durch die bereits Interviewten – wurden weitere relevante InterviewpartnerIn-

---

[26] Wenngleich – wie noch im Folgekapitel dargelegt werden wird – auch der Begriff der „Streuung" strenggenommen im qualitativen Paradigma kaum Bedeutung hat, und wenn, dahinter ganz andere Überlegungen stehen, welche wiederum mit anderen Begrifflichkeiten operieren.

nen ermittelt und zu einem Gespräch gebeten. Im Herbst 2013 wurden so weitere vier Interviews geführt.

Zusätzliche Datenquellen bildeten insbesondere die Gesetzesquellen (ZPO, OGHG, OGH-Geschäftsordnung), Literatur und Gesetzeskommentare sowie quantitatives Datenmaterial des OGH selbst. Diese Quellen werden als Sekundärdaten bzw als *Artefakte* des rechtswissenschaftlichen bzw rechtserzeugenden Systems behandelt. Gesetzestexte sind – wenn man so möchte – die expliziten „Leitfäden der Rechtsprechung" (insbesondere hinsichtlich der prozessualen Vorschriften und Zugangsbeschränkungen der ZPO) und demnach auch eine zulässige Datenquelle im sozialwissenschaftlichen Sinn. Und auch Literatur sowie Kommentar-Werke bieten als „Perspektive der Wissenschaft und Lehre" auf Rechtsprechung bzw Rechtsauslegung Orientierung für alle RechtsanwenderInnen, weswegen auch diese Daten in die Analyse mit einfließen. Schließlich müssen gesetzliche Normen seit jeher von der Judikatur mit Leben erfüllt werden: durch interpretieren, subsumieren, auslegen, abgrenzen und differenzieren.

Der notwendige Umfang der zu erhebenden Daten richtet sich primär nach dem Grad der theoretischen Sättigung. So enthält jede Datenquelle bestimmte (vorläufig individuelle) Informationen, welche sich induktiv durch ständiges Vergleichen mit anderen Daten zu allgemeinen Mustern und Gesetzmäßigkeiten verdichten lassen. Jede Quelle bringt somit gleiche oder ähnliche, aber auch unterschiedliche Aspekte zum Vorschein, welche sich Quelle für Quelle zu einem theoretischen Gesamtbild des Forschungsgegenstandes zusammenfügen lassen. Je detailreicher oder *dichter* die einzelnen („Bild-")Inhalte beschrieben und untereinander verknüpft werden können, umso verlässlicher und stimmiger werden die Ergebnisse der Analyse und die umso tragfähiger die Theorie sein.

---

[27]   Vgl hierzu *Wienold* 1995 (1994) zum Begriff *Schneeball-Verfahren*.

Um einen guten Eindruck jener der Studie zugrunde gelegten Datenquellen zu vermitteln, soll im Folgenden eine entsprechende schemati-
sche Darstellung dienen. Diese soll insbesondere die Bedeutung der
geführten Interviews für die empirisch-generierten Kategorien der Analyse zeigen. In den ersten Spalten ist das entsprechende Datenmaterial
bzw -kürzel angeführt; in den weiteren Spalten finden sich die aus den
Daten generierten Kategorien.

Die Datenkürzel der Interviews (R1 bis R12) werden im Text die
Datenfundstellen belegen; Literaturquellen werden nach üblichen Standards zitiert. Auf Direktzitate bzw detaillierte Zuordnung zu den einzelnen InterviewpartnerInnen musste zum Schutz der Anonymität verzich-
tet werden. Aus der Matrix lässt sich somit <u>nicht</u> ein zustimmendes,
ablehnendes oder verschweigendes Moment erkennen. Es soll ausschließlich einen informativen Überblick über die Daten bieten; die
Analyse und Interpretation der Daten ist dem Fließtext zu entnehmen.

Kategorien	AkteurInnen der Entscheidungsfindung								Entscheiden im Diskurs						Logik & Wissen — Ideal vs Realität				Logik & Wissen — Logiken	
	Parteien & der Fall	Parteienvertreter & das RM	Die Vorinstanzen	Evidenzbüro & die ZF (+ RIS)	BerichterstatterInnen	Die Senatsvorsitzenden	Der Senat & das einfache Senatsmitglied	Publikum: Praxis, Lehre, Gerichte	Orientierungs-Phase	Vertiefungs-Phase	Konkretisierungs-Phase	Formelle Entscheidungs-Phase	Nachbereitungs-Phase	Externe & interne Konsultationen	Der Faktor Zeit	Die austauschbaren RichterInnen	Gerechte Entscheidung (für Parteien)	Rechtsfortbildende Entscheidung (für Praxis)	Logik der Handlungs-Ökonomisierung	Logik der diskursiven Anschlussfähigkeit
R1	**x̲**	x̲	x	x	x̲	x			**x̲**		x̲			**x̲**	x̲	x	x			
R2	x	x̲		x	**x̲**	x̲			x		x̲	**x̲**			x	x	x			x
R3	**x̲**	x	x	x	x̲		x	x			**x̲**	x		x	x̲			x	**x̲**	x̲
R4	x	**x̲**	**x̲**	**x̲**	x		x̲			x̲	x̲	x		x̲	x̲	x	x	**x̲**	x̲	x
R5	x	x		x	**x̲**	x	x̲	x		**x̲**	x̲			x			x		x	**x̲**
R6	x̲			**x̲**	x̲	x̲				x̲				x̲	x	**x̲**		x̲	x̲	
R7	x̲	x̲	x	x					x	x̲	x			**x̲**		x	x			
R8	**x̲**		x̲	x	x	x̲					x̲	**x̲**		**x̲**	x̲	x̲	**x̲**			x
R9*		x		**x̲**	x	x̲								x̲			x			x̲
R10				x̲						x	x	x̲		x	x		x	x	**x̲**	x
R11			x̲	x							x				x	x̲			x	
R12	x̲		**x̲**	x̲	x̲	x	x							x	x̲	x	**x̲**			x

* Interview R9 wurde nicht mittels Audio-Transkript, sondern mittels Gesprächsprotokoll ausgewertet.

Zur Erläuterung: Ein leeres Feld bedeutet, dass sich prinzipiell keine nennenswerten Beispiele für diese Kategorie aus der angeführten Quelle gewinnen ließen. Ein ‚x' steht für ‚wenige, einzelne Beispiele'; ein ‚x̲' zeigt an, dass einige Informationen in diesem Datenmaterial zu finden sind und ‚**x̲**' weist auf besonders wichtige oder viele Beobachtungen für die jeweilige Kategorie hin.

2.2.2 Repräsentativität, Reichweite und Aussagekraft qualitativer Forschung

Die Auswahl der Daten und die damit einhergehende Bedeutsamkeit oder Aussagekraft ist idR eng mit einem sozialwissenschaftlich „untechnischen" Begriff, nämlich jenem der *Repräsentativität* gekoppelt. Um die Ergebnisse der vorliegenden Studie bestmöglich kritisch würdigen und zumindest weitestgehend intersubjektiv überprüfbar machen zu können, sollen nunmehr einige damit verbundene Begrifflichkeiten und Konzepte vor dem Hintergrund der Qualitätssicherung erläutert werden. Zunächst sollen das hinter dem Begriff *Repräsentativität* stehende Konzept sowie weiters auch gegebene Möglichkeiten der Qualitätssicherung in qualitativen Forschungsparadigmen behandelt werden.

Der Begriff *Repräsentativität* ist an und für sich kein genuiner der Statistik[28], er hat aber insbesondere in der öffentlichen Diskussion von empirischer Forschung besonderes Gewicht bekommen. Generell bedeutet *repräsentativ*, dass die gezogene Stichprobe die Grundgesamtheit (auch Population genannt) hinsichtlich bestimmter Merkmale proportional möglichst vergleichbar wiedergibt. Dies ist idR dann erforderlich, wenn man von Verteilungen der Stichprobe auf Verteilungen der Grundgesamtheit schließen möchte und das damit stets einhergehende Problem der Fehlerwahrscheinlichkeit zu minimieren sucht. Hieraus ergibt sich aber auch, dass diese Themen weitestgehend die quantitative Forschungen – genauer, die deskriptive bzw auch die schließende Statistik – betreffen. Qualitative Ansätze haben zumeist – und so auch im vorliegenden Forschungsprojekt – eine andere Zielsetzung, weshalb diese daher auch anderen Qualitätskriterien genügen müssen.

---

[28] *Diekmann* 2001 (1995): 368f.

Im qualitativen Paradigma werden (neben anderen) die Gütekriterien der *intersubjektiven Nachvollziehbarkeit*, der *empirischen Verankerung* von Theorie sowie auch *die reflektierte Subjektivität* genannt[29]. Diese Ansätze der Qualitätssicherung wurden auch in der vorliegenden Arbeit berücksichtigt. Um die intersubjektive Nachvollziehbarkeit zu gewährleisten, werden so viele Informationen bei gleichzeitiger Anonymisierung zu den Daten wie möglich sowie die Erhebungs- und Auswertungsmethode offengelegt. Für die Verankerung der Theorie in den empirischen Daten bürgt bereits die angewandte Methodologie der Grounded Theory. Um dem Kriterium der reflektierten Subjektivität bestmöglich zu genügen, war ich bei der Analyse der Daten stets um eine streng reflexive Haltung – auch bei der Erhebung der Interviewdaten bemüht. Ein weiterer Hinweis auf die Validität der Forschungsergebnisse wäre, wenn die Interviewten ihre Beobachtungen und Erfahrungen (aber auch VertreterInnen der Grundgesamtheit) in den Ergebnissen wiederfinden. Wenngleich sie weder allen Befunden zustimmen, noch jeweils gleicher Meinung sein müssen.[30]

Die Methodologie der Grounded Theory sieht konzeptuell eine Methode des ständigen Vergleichens vor. Dies soll Ähnlichkeiten, aber auch Unterschiede bzw Einschränkungen der Reichweite herausarbeiten. Um dies zu erreichen, werden im Zuge der Datenanalyse laufend vergleichbare oder andersartige Fälle zur Verdichtung und Verfeinerung der so generierten Konzepte hinzugezogen. Ziel ist jedoch nicht eine strenge Beweisführung über Stimmigkeit dieser Konzepte, dies entspricht nicht dem Selbstverständnis der Grounded Theory[31], vielmehr

---

[29]   *Steinke* 2004 (2000): 324ff; vgl hierzu auch die zusammenfassenden methodologischen Ausführungen im Rahmen einer empirischen Studie in *Haberler* 2012: 101ff.

[30]   Vgl hierzu Werner Fuchs-Heinritz 1995 (1994) zum Begriff kommunikative Validierung.

[31]   Oder auch vergleichbarer qualitativer Ansätze. Qualitative Forschung versteht sich – um mit dem Phänomenologen und Wissenschaftstheoretiker *Helmut Seiffert* zu sprechen – als *„Ja, so ist es auch-Perspektive"* (*Seiffert* 2006 (1970): 41ff). Es geht um ei-

soll die sukzessiv generierte Theorie auf einer breiten, heterogenen Datenbasis fußen. So sprechen auch *Glaser* und *Strauss* sehr treffend:

> „Da es ihr nicht um Beweise geht, bedarf die Methode des ständigen Vergleichens (...) bloß der Sättigung durch Daten – sie muss weder alle Daten in Betracht ziehen, noch muss sie die Daten einzig auf klar definierte Fälle einschränken." [32]

Den Überlegungen der Grounded Theory folgend wird eine datenbasierte Theorie dieser Tradition nie für sich beanspruchen, ein endgültiges Resultat zu liefern. Es ist nicht auszuschließen, dass einige Aspekte des Feldes nicht erhoben und somit in der Theorieformulierung auch nicht berücksichtigt wurden bzw werden konnten. Daher soll vielmehr ein dichtes Netz an Kategorien, Eigenschaften und Hypothesen aus einer Vielzahl an Daten gewoben werden, welches im Ergebnis ein taugliches theoretisches Modell bildet[33].

Was bedeutet das nun für die Daten(-Stichprobe) dieser Arbeit? Um Daten zu sammeln, welche die oben angeführten Aspekte fördern sollen, erfolgte die Datenauswahl jeweils im Zuge des Forschungsfortschritts. Ist man zu Beginn der Forschung in der Auswahl relativ frei – man beginnt einfach an einem plausiblen Ausgangspunkt Daten zu erheben (und auszuwerten), folgt man nach Extraktion erster Codierungen und Formulieren von Memos, den daraus gewonnen Zwischen-Ergebnissen und gestaltet so die weitere Datenauswahl. Man spricht hier auch von einem *theoretischen Sampling*[34].

---

ne mögliche und valide Sicht auf Welt, aber nicht um eine abschließende oder gar einzig richtige, da Welt als vielschichtig, vieldimensional und wandelbar begriffen wird.
[32] *Glaser/Strauss* 1965 zit nach denselben 1998 (1967): 110.
[33] *Glaser/Strauss* 1965 zit nach denselben 1998 (1967): 110f.
[34] *Glaser/Strauss* 1998 (1967): 53ff.

Dieser Erhebungslogik folgte auch die vorliegende Arbeit. Dies wirkte sich hinsichtlich zweier Momente aus: Einerseits wurden die InterviewpartnerInnen nach theoretischen Überlegungen (insbesondere in der zweiten Erhebungsrunde) ausgewählt, andererseits wurden mit Fortschreiten der Analyse auch gezielter Fragen gestellt und bestimmte Konzepte und Zusammenhänge näher nachgefragt.

Weiters ist geboten, so lange weitere Daten zu erheben und auszuwerten, bis eine theoretische Sättigung aller Kategorien eingetreten ist. Gelingt dies nicht oder nicht bei allen Kategorien, so ist die Reichweite oder aber die Aussage der Theorie entsprechend einzuschränken. Anhaltspunkt für das Erreichen der Sättigung ist insbesondere auch, dass in der Datenerhebung und der Analyse zunehmend gleichlautende (bestätigende) Ereignisse bzw Beobachtungen auftreten. Auch dieser Aspekt wurde freilich in der Erarbeitung der empirischen Ergebnisse und bei der Formulierung der theoretischen Befunde entsprechend berücksichtigt.

2.3. Die AkteurInnen der Entscheidungsfindung

An der Entstehung einer höchstgerichtlichen Entscheidung wirken eine Vielzahl an AkteurInnen mit. Dies umfasst jene, welche im Vorfeld der höchstgerichtlichen Entscheidung tätig werden – die Parteien, welche durch ihre ParteienvertreterInnen agieren sowie die vorinstanzlichen Gerichte – ebenso, wie die nachfolgenden. Freilich zentral sind die AkteurInnen des OGH für die tatsächliche Entscheidungsfindung: Das Evidenzbüro, die BerichterstatterInnen und Senatsvorsitzenden, der entscheidende Senat sowie auch die anderen Senate. Damit sind jedoch noch nicht allen aktiven AkteurInnen genannt, welche indirekt in die Entscheidungsfindungsprozesse hineinwirken. Diese bilden das Umfeld, das fachliche geschulte Publikum der höchstgerichtlichen Entscheidungen: Die Gerichte, die PraktikerInnen (RechtsanwenderInnen und RechtsberaterInnen), die (Hochschul-)Lehre und RechtswissenschafterInnen, aber auch der Gesetzgeber. Sie alle beobachten Entscheidungen des Höchstgerichts, kommentieren und besprechen diese oder bauen darauf ihre Rechtsgutachten und Empfehlungen auf.

Im Folgenden sollen die einzelnen AkteurInnen und ihre Rolle bei der Entscheidungsfindung vorgestellt werden.

2.3.1 Die Parteien und der Fall

Die Parteien sind der Ausgangspunkt für einen rechtlichen Konflikt. Sie definieren ihre Ansprüche/ihr Rechts(an)suchen in Vorbringen bzw auch in entsprechenden Anträgen[35]. Dabei – spätestens beim Rechtsmit-

---

[35]   §§ 178, 226 Abs 1 und 239 Abs 1 ZPO; vgl auch *Schragel* in *Fasching/Konecny*[2] § 178 ZPO Rz 1.

tel an das Höchstgericht[36] – werden sie idR von ihren Rechtsanwälten vertreten. In der letzten Instanz spielen sie selbst also nur mehr in Form von Akteninhalten (PV, Urkunden, Sachverhalt) bei der Entscheidungsfindung eine Rolle. Darüber hinaus sind sie die vorrangigen Adressaten der Entscheidung und ihr konkreter Fall soll gelöst werden (R2, R4, R5, R7).

Vergleicht man diesen empirischen Befund mit jenen Definitionen, welche sich direkt aus dem Gesetz bzw der Rechtsprechung ableiten, zeigt sich dort (notwendigerweise) ein formalistischeres Bild:
Die Zivilprozessordnung kennt primär einen streng formellen Parteibegriff[37], welcher sich aus der *Prozessfähigkeit* oder auch dem Status als *Rechtsträger* ergibt (§ 1ff ZPO). So beschreibt auch *Rechberger*, dass Partei im Zivilprozess ist *„wer im eigenen Namen den Rechtsschutzantrag (dh die Klage) bei Gericht stellt (= Kläger), und andererseits derjenige, der als Gegner des Antrags bezeichnet wird (= Beklagter)."*[38]

Die vermeintliche Abweichung zwischen empirischer und gesetzlicher (bzw Lehr-)Definition ist an die Größe bzw Bedeutungsvielfalt des Begriffs „Partei"[39] – ganz sicher aber auch an die konkrete Fragestellung der Studie – gekoppelt. Neben der streng formalistisch-geprägten Definition steht eben auch eine diffusere, eine alltagsjuristische Definition. Dort, wo der formelle Parteibegriff nicht (oder nicht mehr) Teil der höchstgerichtlich zu lösenden Rechtsfrage ist, treten eben auch diese weicheren Aspekte des Parteienbegriffs stärker in den Vordergrund.

---

[36] §§ 506 Abs 1 Z 4 bzw 520 Abs 1 ZPO.
[37] Vgl hierzu auch *Rechberger* in *Rechberger/Simotta*, Zivilprozessrecht 2009[7], Rz 290ff sowie ausführlicher auch *Schubert* in *Fasching/Konecny*[2] Vor § 1 ZPO, Rz 2ff.
[38] *Rechberger* in *Rechberger/Simotta*, Zivilprozessrecht 2009[7], Rz 290.
[39] Der Parteibegriff ist Teil einer großen und lang andauernden rechtswissenschaftlichen Auseinandersetzung. Allein zum § 1 ZPO gibt es zw 1926 und 2011 mehr als 380 Rechtssätze in der RIS-Justiz. Auch *Schubert* in *Fasching* widmet dem Parteienbegriff und angrenzenden Themen bereits in dem § 1 ZPO vorangestellten Kommentar insgesamt 91 Randziffern (*Schubert* in *Fasching/Konecny*[2] Vor § 1 ZPO).

Auch, aber nicht nur. So sind die im Rechtsmittel bezeichneten Parteien jedenfalls Partei des Verfahrens; und zwar auch dann, wenn es ihnen in letzter Konsequenz an Partei- oder Prozessfähigkeit[40] bzw insbesondere an der Sachlegitimation[41] mangelte.

Dies, aber insbesondere auch der Fokus der Studie auf die Entscheidungsfindung bedingt, dass der Bedeutungsgehalt des Begriffs „Partei" eher als individuelle Position eines involvierten Akteurs wahrgenommen wird – unabhängig oder auch neben einer formal-juristischen Definition als Partei. Die Parteien als Akteure eines rechtlichen Konflikts und deren konkret zu lösender Fall stehen im Zentrum der Entscheidung. Insofern werden sie verstärkt als individuelle Rechtssuchende von den OGH-RichterInnen wahrgenommen (R7) und definieren sich damit weitaus deutlicher über akteursbezogene, als über formal-juristische Zuschreibungen. Hierzu wird noch zu einem späteren Zeitpunkt[42] Näheres ausgeführt. Zunächst genügt der Hinweis auf die Mehrdimensionalität oder auch Mehrdeutigkeit des Begriffs und auf jene Bedeutung, welche in der Studie unter dem Konzept „Partei" verstanden wird.

2.3.2 ParteienvertreterInnen und das Rechtsmittel

Die AnwältInnen nehmen als ParteienvertreterInnen in den Verfahren eine sehr wichtige Funktion ein. Sie tragen den Fall ihrer Partei vor, belegen den Sachverhalt mit Beweismitteln und vertreten die Rechtsan-

---

[40] Eine mangelnde Parteifähigkeit (als absolute Prozessvoraussetzung) bedingt rechtlich die Nichtigkeit des Verfahrens, vgl *Klauser/Kodek*, ZPO[17.00] § 1 ZPO E 4; in dieser Arbeit (und in diesem Sinne waren auch die InterviewpartnerInnen zu verstehen) werden unter dem Begriff „Partei" eben jene natürlichen und/oder juristischen Personen bzw Einheiten verstanden, welche im Rubrum der Rechtsmittel angeführt waren und so am Prozess als „genannte Parteien" in Erscheinung traten.

[41] *Schubert* in *Fasching/Konecny*[2] Vor § 1 ZPO, Rz 81; zur Heilung des Mangels der Parteifähigkeit durch Rechtskraft der Sachentscheidung vgl *Schubert* in *Fasching/Konecny*[2] Vor § 1 ZPO Rz 76; weiters auch *Klauser/Kodek*, ZPO[17.00] § 1 ZPO E 1ff und 10f.

[42] Siehe auch Kapitel 2.5.

sicht, die für die Position/das Anliegen der eigenen Partei spricht bzw widerlegen gegnerische Argumente. Sie beraten ihre Mandantschaft wohl zumeist in allen Instanzen, wenngleich ein Wechsel der rechtsfreundlichen Vertretung prinzipiell jederzeit möglich ist.

Die anwaltliche Vertretung ist zwingend nur unter bestimmten Voraussetzungen geboten. So herrscht Anwaltszwang nur ab einem bestimmten Streitwert (aktuell liegt die absolute Wertgrenze bei € 5.000 in allgemeinen Streitsachen vgl § 502 Abs 2 ZPO, Ausnahmen siehe § 502 Abs 5 ZPO) sowie spätestens beim Gang zum OGH (§ 506 Abs 1 Z 4 ZPO).

Wird der Weg zum Höchstgericht eingeschlagen, so wirken/sprechen die ParteienvertreterInnen vorrangig durch ihr schriftliches Rechtsmittel, nämlich die Revision oder den Revisionsrekurs (§ 505 Abs 1 ZPO zu Schriftformerfordernis und §§ 502ff bzw 514ff ZPO zu Revision bzw Revisionsrekurs) oder den Rekurs an den OGH (§ 519 ZPO), in welchen jedenfalls die Erheblichkeit der Rechtsfrage und damit die Berechtigung des Rechtsmittels darzulegen ist (§ 504 Abs 1 ZPO). Dies stets auch dann, wenn die Zweitinstanz den Gang zum OGH zugelassen hat.

Es werden – wie bei anderen AkteurInnen auch – auch bei den RechtsanwältInnen bzw deren Rechtsmittel teils große Qualitätsunterschiede festgestellt (R1, R2, R3, R4, R6, R7, R8). So leisten manche VertreterInnen exzellente Arbeit und können – immer freilich abhängig vom Fall bzw einem allfälligen Meinungswandel in der Gesellschaft/Politik – sogar durch saubere rechtliche Argumentation eine bestehende ständige Judikaturlinie des OGH kippen (R3): So wurde beispielsweise die Jahrzehnte bestehende Rechtsprechung im Unterhaltsrecht mit der Entscheidung eines verstärkten Senats zur Frage, ob Unterhalt für die Vergangenheit geltend gemacht werden könne, letztlich gekippt[43].

Ähnlich kann auch bei Wertungsfragen, welche an der Kippe sind, ein gut argumentiertes Rechtsmittel oder ein guter mündlicher Vortrag (bei den sehr seltenen Verhandlungen des OGH) den Ausschlag in der Entscheidung geben (R3). Generell wird angemerkt, dass das Diskussionsniveau in den Spezialgebieten der VertreterInnen freilich zumeist deutlich höher ist und sich mitunter beide Rechtsansichten der ParteienvertreterInnen sehr überzeugend und plausibel ausnehmen können (R1).

Gute Formulierungsfähigkeiten, eine präzise Wortwahl und schlüssige Argumentation sollten AnwältInnen mitbringen bzw in ihren Schriftsätzen insbesondere im Rechtsmittel transportieren können (R3). Wobei insbesondere knappe, auf den Punkt formulierte Rechtsmittel begrüßt werden und die saubere Argumentation der Erheblichkeit der Rechtsfrage – bei außerordentlichen aber auch ordentlichen Rechtsmitteln – essentiell sind (R1, R3, R8). Eine präzise Begründung, welche „ohne Weitläufigkeit" gegeben werden soll, wird bereits auch im Gesetz – wenn auch nur hinsichtlich der außerordentlichen Rechtsmittel (§§ 506 Abs 2 iVm 503 Z 4 ZPO) – normiert. Ebenso sollen unnötige Wiederholungen innerhalb des Rechtsmittels vermieden werden und stattdessen jeder argumentative Gedankengang für sich zu Ende gedacht werden.[44]

Sorgfältig und ernsthaft erstellte Rechtsmittel werden auch mit ausführlicheren Antworten seitens des OGH bzw einzelner BerichterstatterInnen belohnt (R3). Hingegen werden "Pro-Forma-Rechtsmittel", also Rechtsmittel, welche etwa nur das bereits in zweiter Instanz Vorge-

---

[43] OGH 6 Ob 580/88 vom 14. April 1988.
[44] Vgl hierzu auch Kapitel 2.5.2 zur Logik der Handlungsökonomisierung.

brachte wiederholen[45] oder von geringer eigener Überzeugung (oder aber ausschließlich vom Mandantenwunsch, R5, R6) getragen werden und Rechtsthemen nur oberflächlich abhandeln, auch weniger ausführlich vom berichterstattenden Senatsmitglied behandelt werden (R3). Einerseits wohl deshalb, da der Fall ohnehin schon ausreichend in erster oder zweiter Instanz (bzw in der OGH-Judikatur, R8) gelöst wurde und andererseits, da hier auch generell kaum eine ausführliche Antwort erwartet werden wird.

In Extremfällen mangelt es den (zumeist außerordentlichen) Rechtsmitteln bereits an einer schlüssigen Darstellung der erheblichen Rechtsfrage, um überhaupt den Zugang zum OGH zu bekommen, oder aber, es werden die Rechtsmittelgründe nicht richtig klassifiziert (R6, vgl § 503 ZPO). Weiters kommt es auch vor, dass eine höchstgerichtlich relevante Rechtsfrage nicht bereits in der Berufung geltend gemacht wurde, und diese in weiterer Folge auch der Behandlung durch den OGH entzogen ist (R1, R7, R8). Ganz selten werden Rechtsmittel beim OGH auch wegen Fristversäumnis zurückgewiesen (R4, R12).

Ist die bekämpfte Vorentscheidung jedoch auch aus Sicht des OGH verfehlt, so lässt sich eine Tendenz ausmachen, solche mangelhaften Rechtsmittel – sofern irgendwie möglich – auszugleichen (R2, R4, R8). Findet sich jedoch im Rechtsmittel gar kein Ansatzpunkt, um die Befassung des OGH zu rechtfertigen, so sind auch den OGH-RichterInnen diesbezüglich die Hände gebunden (R2, R4, vgl § 504 Abs 1 ZPO[46]). Dies ist nicht ganz unkritisch, da ein Zuviel an Hilfe auch die gebotene Unparteilichkeit der Richter in Zweifel ziehen könnte (R8).

---

[45]   Vgl auch *Zechner* in *Fasching/Konecny*[2] § 503 ZPO Rz 34.
[46]   So bspw auch *Zechner* in *Fasching/Konecny*[2] § 503 ZPO Rz 34.

Zu beachten ist also, dass der OGH in erster Linie die Berechtigung des Rechtsmittels zu prüfen hat und erst dann die vorinstanzliche Entscheidung prüft (R1, R2, R4)[47].

2.3.3 Die Vorinstanzen

Die Vorinstanzen sind in der höchstgerichtlichen Entscheidungsfindung vor allem mit den von ihnen gefällten Entscheidungen vertreten. Diese geben den jeweiligen Fall und die daraus resultierenden rechtlichen Überlegungen aus ihrer Sicht wieder.

Was sie vom OGH grundsätzlich unterscheidet ist, dass sie *Tatsacheninstanzen* sind. Das Erstgericht hat also jedenfalls einen unmittelbaren Eindruck von den Parteien, VertreterInnen und ZeugInnen; der OGH – bis auf ganz wenige Ausnahmen[48] zB in Marken- und Patentrechtsfragen – idR nicht. Wichtiger jedoch ist, dass die Vorinstanzen die für die zur Beurteilung maßgeblichen Tatsachenfeststellungen zu treffen haben und der OGH bei Bedarf nur eine Ergänzung auftragen kann[49].

Mit jeder Instanz spitzt sich der Fall zunehmend auf nur einzelne Aspekte oder Rechtsfragen zu, weswegen sich die Vorinstanzen idR umfassender mit dem Fall oder auch in mehr Details vertiefend auseinandersetzen werden. Weiters setzen sie sich noch verstärkt mit allen Akteninhalten auseinander; sofern dies zur Lösung der Rechtsfrage nicht (mehr) nötig ist, wird der OGH nur mehr eingeschränkt Prüfungen der Akteninhalte vornehmen. Mit diesem so gefilterten Destillat tragen auch

---

[47] Vgl §§ 503 Z 4 und 504 Abs 1 ZPO bzgl „rechtliche Prüfung in alle Richtungen".

[48] § 509 Abs 2 ZPO (genauer auch § 56 Geschäftsordnung des OGH 2005) räumt den Senaten jedoch ausdrücklich die prinzipielle Möglichkeit ein, auch mündliche Verhandlungen auszuschreiben; siehe auch *Zechner* in *Fasching/Konecny*² § 509 ZPO Rz 6ff.

[49] Der OGH selbst ist nicht Tatsacheninstanz; vgl nur *Zechner* in *Fasching/Konecny*² § 503 ZPO Rz 205 oder auch RIS-Justiz RS0042903.

die Vorinstanzen zur raschen und umfassenden Behandlung einer Causa durch den OGH bei: Im Idealfall geben die Entscheidungen den Sachverhalt und die rechtlichen Überlegungen und Abwägungen in adäquater Ausführlichkeit wieder (R3, R4).

Die Rechtsansichten der Vorinstanzen, genauer, ihre Entscheidungen oder aber einzelne Aspekte daraus, werden vom OGH kritisch gewürdigt und weiters bestätigt oder entsprechend korrigiert oder aber das Rechtsmittel zurückgewiesen. Sofern sich nach Ansicht des OGH die vorinstanzliche Entscheidung im vom Gesetzgeber eingeräumten Rahmen bewegt, wird auch eine variierende Meinung der Vorinstanzen akzeptiert (R3, R4). Hierbei wird bzw sollte auch auf realistische Anforderungen an die prozessualen Möglichkeiten der ErstrichterInnen Rücksicht genommen werden (R3).

Betrachtet man die Vorinstanzen rein aus Sicht des OGH bzw von einem konkreten Fall, welcher dem OGH zugetragen wird aus, so lassen sich insbesondere zwei funktionelle Aspekte aus den Daten ableiten: Zunächst soll der Fall umfassend behandelt und nach Möglichkeit ein Großteil der in einer Causa auftauchenden Rechtsfragen geklärt sein. Ist tatsächlich noch die Entscheidung des OGH von Nöten, so sollte sich dieser – aufgrund der geleisteten Vorbearbeitung der Vorinstanzen – rein auf das Lösen einzelner Fragen konzentrieren, die *per definitionem* sowohl von erheblicher Bedeutung als auch für den Einzelfall entscheidungswesentlich sein müssen. Fällt letzteres Kriterium weg, liegt keine Beschwer vor und iSd § 502 Abs 1 ZPO[50] steht der Gang zum OGH nicht offen.

Weiters ist die zweite Instanz bzw direkte Vorinstanz auch ein Stück weit der erste Wächter des Zugangs zum OGH, wenngleich ihr diesbe-

---

[50] *Zechner* in *Fasching/Konecny*[2] § 502 ZPO Rz 34.

züglicher Ausspruch den OGH nicht bindet (§ 508a Abs 1 ZPO, R1). Darüber hinaus orientieren sich die zweiten Instanzen idR stark an den bereits ergangenen OGH-Entscheidungen und lassen regelmäßig so keinen Raum für eine neuerliche Befassung des OGH zu bereits gefestigter Judikatur (R4, R5).

Etwas anders sieht es hingegen bei (nachträglicher) Zulassung der Revision an den OGH gem § 508 ZPO aus. Hier wird seitens des OGH beobachtet, dass mitunter zu großzügig der Gang zum OGH zugelassen wird (R1, R4).

2.3.4 Das Evidenzbüro und die Zusammenfassung

Das Evidenzbüro ist die erste aktiv am OGH befasste Stelle, wenngleich in vorbereitender Funktion. Die MitarbeiterInnen des Evidenzbüros leisten ebenso einen Beitrag zur Entscheidungsfindung am OGH und erfüllen weiters eine Schnittstellenfunktion nach außen.

Bevor ein OGH-Richter den Akt bekommt, wird er idR im Evidenzbüro ergänzend aufbereitet[51]; und zwar (zumindest) um die zitierten Quellen in den Vorentscheidungen bzw Rechtsmitteln[52] sowie um eine 1-5 seitige Zusammenfassung[53] inklusive einer kurzen juristischen Einschätzung des Falles (R1, R2, R8). Diese Tätigkeit wird intern als „Einlaufbearbeitung" bezeichnet.

Ebenso wird weiters die Rechtzeitigkeit des Rechtsmittels überprüft (R2, R4, R12). Da in der Regel alle Akten über das Evidenzbüro laufen (sollten), steht auch diese Stelle bei der Bewältigung des Aktenanfalls zeitlich unter großem Druck (R3, R12). Die MitarbeiterInnen des Evi-

---

[51] Vgl auch § 53 Geschäftsordnung des OGH 2005.
[52] Vgl auch § 74f Geschäftsordnung des OGH 2005.
[53] Vgl auch G. *Kodek*, Funktion und Arbeitsweise des OGH – die Binnensicht in G. *Kodek*, Zugang zum OGH (2012), Seite 103f.

denzbüros können je Akt durchschnittlich etwa einen Tag[54] an Bearbeitungszeit einplanen (R11, R12). Rund 1.900 Rechtsmittel in Zivilsachen wurden im Jahr 2012 im Rahmen der Einlaufbearbeitung im Evidenzbüro bearbeitet, weitere 600 Akten blieben ohne Einlaufbearbeitung[55]: Um das Evidenzbüro zu entlasten bzw mit dessen Ressourcen möglichst effizient zu wirtschaften, verzichten manche BerichterstatterInnen auf die Einlaufbearbeitung in Fachsachen. Dies auch deshalb, da die BerichterstatterInnen in diesen ihren Materien ohnehin über ein fundiertes und vor allem aktuelles Fachwissen verfügen, welches eine Bearbeitung durch das Evidenzbüro weitestgehend überflüssig macht (R1, R11).

Weiters wird geprüft, und allenfalls darauf hingewiesen, ob eine ähnliche Rechtsfrage aktuell in einem anderen Senat anhängig ist (R2, R8, R9, R11, R12). Dies soll vermeiden helfen, dass die gleiche oder eine sehr ähnlich gelagerte Rechtsfrage vom OGH unterschiedlich beantwortet wird. Es liegt dann am zuständigen berichterstattenden Mitglied, Kontakt zum anderen berichterstattenden Mitglied aufzunehmen und sich über Status der Bearbeitung bzw mögliche Lösungsansätze auszutauschen.

Das Evidenzbüro ist also funktionell eine den BerichterstatterInnen zuarbeitende Stelle (§ 14 Abs 3 OGHG) und fängt (teilweise auch) Belastungsspitzen der OGH-RichterInnen etwas ab (R5). Es entlastet die RichterInnen insbesondere bei der Recherchearbeit (R1, R2, R4) und bei einer ersten Verortung des Falles (R2, R3, R5). Dem Evidenzbüro gehören RichterInnen, RichteramtsanwärterInnen und – im Rahmen der vertiefenden Einlaufbearbeitung – auch UniversitätsassistentInnen an (R1, R4, R5)[56]. Im Jahr 2011 standen für die Einlaufbearbeitung in Zivil-

---

[54] In den Tätigkeitsberichten des OGH der Jahre 2011 bzw 2012 wird ein durchschnittlicher Bearbeitungsaufwand von etwa 6,5 Stunden angeführt (Seite 81 im Tätigkeitsbericht 2011 bzw Seite 12 im Tätigkeitsbericht 2012).

[55] Tätigkeitsbericht des OGH 2012, Seite 12 und 38.

[56] Tätigkeitsbericht des OGH 2011, Seite 81; so bestehen mit der Universität Wien, der Wirtschaftsuniversität Wien, der Johannes Kepler Universität Linz, der Universität

rechtssachen durchgerechnet etwa fünf Vollzeitkapazitäten an RichterInnen des Evidenzbüros sowie etwa eine weitere an RichteramtsanwärterInnen zur Verfügung[57].

Ein weiterer Aspekt ist, dass durch die zusammenfassende Erstein-
schätzung der jeweils bearbeitenden RichterInnen des Evidenzbüros eine
zusätzliche Kontrollmöglichkeit geboten ist. So nutzen manche RichterInnen die Zusammenfassung des Evidenzbüros, um diese mit ihrer
eigenen Einschätzung gegenzuprüfen und um eine „leichte Außenwahr-
nehmung am Rande des OGH" (R5, ähnlich auch R7 und R9) als zusätzliche Entscheidungshilfe zu haben (R3, R5, R6, R7, R9). Je erfahrener
die RichterInnen des Evidenzbüros sind, umso wertvoller wird dieser
Beitrag zur letztendlichen Entscheidungsfindung empfunden (R3, R5,
R6).

Weiters nehmen MitarbeiterInnen des Evidenzbüros auch an den Se-
natssitzungen teil, wobei sie als Auskunftsperson zu den erbrachten
Recherchen zur Verfügung stehen (R1).

Darüber hinaus ist das Evidenzbüro für die Nachbereitung der Akten[58] zuständig. So zählen zu den Aufgaben auch die Erfassung von
Rechtssätzen (RS)[59] und Speisung des RIS mit den Entscheidungen und
RS und allenfalls auch die Erteilung anonymisierter Entscheidungsko-
pien (§§ 14 Abs 2 und 15a Abs 2 OGHG[60]). Somit lässt sich die Arbeit
des Evidenzbüros auch als wichtige kommunikative Schnittstelle zwischen gerichtsexternen AkteurInnen und dem OGH als eigene, für sich

---

Salzburg, der Universität Graz und der Universität Innsbruck Kooperationsvereinba-
rungen hinsichtlich vertiefender Rechercheanfragen des OGH.

[57] Tätigkeitsbericht des OGH 2011, Seite 80f.

[58] *G. Kodek,* Funktion und Arbeitsweise des OGH – die Binnensicht in *G. Kodek,* Zugang zum OGH (2012), Seite 106.

[59] Vgl § 60 Abs 6 Geschäftsordnung des OGH 2005; weiters auch *G. Kodek* in *G. Kodek,* Funktion und Arbeitsweise des OGH – die Binnensicht (2012), Seite 103.

[60] Siehe auch § 70 Abs 7 Geschäftsordnung des OGH 2005 zur Sperrfrist.

genommene Einheit, aber auch als rein intern vermittelnde Schnittstelle – nämlich hinsichtlich ihrer Vermittlung zwischen den einzelnen BerichterstatterInnen – qualifizieren.

2.3.5 Die BerichterstatterInnen

Der BerichterstatterInnen sind jene Richter bzw Richterinnen, welche mit der eigenverantwortlichen Erstellung des Entscheidungsentwurfs in einer konkreten Causa betraut sind und den übrigen Senatsmitgliedern in der Sitzung über den Fall und die Rechtsthematik „Bericht erstatten"[61]. Demnach spielt er oder sie, insbesondere im Vorfeld und ebenso bei der Senatssitzung, eine zentrale Rolle bei der Entscheidungsfindung. Allerdings wird die Entscheidung selbst stets vom jeweiligen Senat gefällt und gemeinsam verantwortet. Wer BerichterstatterIn eines konkreten Akts wird, wird in der Geschäftsordnung des OGH[62] klar geregelt (R12). Die Person des oder der BerichterstatterIn eines konkreten Falles ist gem § 20 OGHG nicht den Parteien (und auch nicht Dritten) zu offenbaren.

Bei der Wahl der Herangehensweise an den Akt, aber auch hinsichtlich der Dauer der Bearbeitung sind die Berichterstattenden relativ frei. Zumeist erfolgt zuerst eine Prüfung der Rechtzeitigkeit des Rechtsmittels (R4). Als Einstieg in die Aktenbearbeitung bieten sich wohl vorrangig „fokussierende" Texte an. Diese Funktion erfüllen die vom Evidenzbüro vorbereitete Zusammenfassung oder aber das Rechtsmittel (R2). So lesen manche die wesentlichen Schriftsätze in chronologischer Reihenfolge (R2, R3) bis zum Rechtsmittel an den OGH (Revision,

---

[61] Vgl auch *G. Kodek,* Funktion und Arbeitsweise des OGH – die Binnensicht in *G. Kodek,* Zugang zum OGH (2012), Seite 105.

[62] § 9 Geschäftsordnung des OGH 2005 iVm Abschnitt VIII der Geschäftsverteilungsübersicht des Obersten Gerichtshofs ab 1. Jänner 2014; siehe auch *G. Kodek,* Funktion und Arbeitsweise des OGH – die Binnensicht in *G. Kodek,* Zugang zum OGH (2012), Seite 102, 104f.

Revisionsrekurs) oder aber, man beginnt mit der Zusammenfassung des Evidenzbüros (R1, R2, R5) – dies kann die bevorzugte Methode sein, wenn aktuell Zeitmangel herrscht (R5) – oder liest in umgekehrter chronologischer Reihenfolge den Akt, quasi von hinten nach vorne (R2). Bei umfangreicheren Akten wird zumeist stärker auf einzelne Akteninhalte bzw einzelne Aspekte fokussiert (R2). Bei außerordentlichen Rechtsmitteln beschränkt man sich hingegen zunächst auf die Entscheidungen der Vorinstanzen (R7).

Für die Entscheidungsfindung am OGH sind die Entscheidungen der Vorinstanzen (R7) sowie die Rechtsmittelschriften aus dem Akt von größter Bedeutung (R4, R5, R7, R8). Zum besseren Verständnis des Falles und der ergangenen Vorentscheidungen empfiehlt es sich, das wechselseitige Vorbringen der Parteien und die Beweisaufnahmen im jeweiligen Verlauf des Verfahrens und damit den ganzen Akt zu studieren; dies lässt das Bild plastischer und logisch klarer nachvollziehbar werden (R3).

Dann folgt in der Regel eine vertiefende Judikatur- bzw allenfalls auch Literaturanalyse, wobei dies bei komplexeren Fällen oder aber abseits der eigenen Fachsachen bzw Expertise eher, und dann verstärkt, gegeben ist (R1, R2, R5, R10). In vielen Fällen wurde die Recherche in weiten Teilen (nämlich der im Akt zitierten Judikatur bzw Literatur) bereits vom Evidenzbüro erledigt. Diesfalls erfolgt mitunter eine vertiefende Recherche von den Berichterstattenden selbst oder aber, der Akt wird an die wissenschaftlichen MitarbeiterInnen des Evidenzbüros mit der Bitte um eine punktuell vertiefende Recherche[63] (R1, R11, R12) retourniert. Allgemein gilt jedoch, dass es kein allgemeines Patentrezept für einen gelungenen Akteinstieg gibt (R10, R11). Jedenfalls soll eine

---

[63]   Vgl hierzu auch *G. Kodek,* Funktion und Arbeitsweise des OGH – die Binnensicht in *G. Kodek,* Zugang zum OGH (2012), Seite 103.

möglichst rasche und zugleich auf die wesentlichen Rechtsfragen redu-
zierte Befassung möglich werden, weshalb das als optimal empfundene
Vorgehen auch von Fall zu Fall, aber auch von Berichterstatterin zu
Berichterstatter, variiert.

Auf Basis des Akts, der Literaturrecherche, des Inputs des Evidenzbüros und der Analyse der anzuwendenden Gesetze bildet sich die Berichterstatterin, der Berichterstatter eine Meinung und erstellt einen
entsprechenden Vorschlag eines Entscheidungsentwurfs, welcher dann
der oder dem Vorsitzenden übermittelt wird.

Die Berichterstattenden sind jene Senatsmitglieder, welche sich regelmäßig am intensivsten mit dem Akteninhalt, aber auch den daraus
abgeleiteten Rechtsfragen auseinandersetzen (R4, R7). Bereits etwas
weniger intensiv und ausführlich beschäftigen sich noch die Senatsvorsitzenden mit dem Akt bzw inhaltlich mit dem vorgeschlagenen Entwurf
der Berichterstattenden sowie den darin behandelten Rechtsfragen (R4,
R6). Folglich wird dem oder der Berichterstattenden idR hinsichtlich der
Aktenkenntnis, allenfalls aber auch hinsichtlich der behandelten
Rechtsmaterie (bei „ausgerissenen Spezialmaterien") eine gewisse Son-
derkompetenz von seinen oder ihren SenatskollegInnen zugeschrieben
(R2). Üblicherweise werden die Entscheidungsentwürfe der Berichterstattenden auch so wie vorgeschlagen vom Senat beschlossen (R1).

Das Referat in der Senatssitzung sollte von den Berichterstattenden
komprimiert den wesentlichen Sachverhalt, die zu lösende(n) Rechtsfra-
ge(n), die vorgeschlagene Lösung sowie allfällige alternative Lösungsmöglichkeiten oder konträre Meinungen und die kritischen Aspekte
wiedergeben (R1). Das Referat soll also so gestaltet sein, dass es eine
solide Entscheidungsgrundlage für die anderen Senatsmitglieder dar-
stellt. Den Vorsitzenden kommt dabei eine ergänzende und allenfalls

korrigierende Funktion im Vorfeld, aber insbesondere innerhalb der Senatssitzung, zu (R1).

Es kommt jedoch durchaus auch vor, dass sich BerichterstatterInnen mit ihren Entwürfen in der Senatssitzung nicht durchsetzen und es letztendlich zu einer Mehrheitsentscheidung kommt (R1, R2, R3, R4, R6, R9). Dies kommt nach Angaben der InterviewpartnerInnen relativ selten vor, wobei es auch hier durchaus starke Variationen gibt: So haben manche Senate regelmäßig Entscheidungen (R12) oder auch geschätzt in jeder Sitzung ein bis zwei Fälle (R1), welche durch Mehrheitsentscheidung gefällt werden; bei anderen vielleicht nur ein- oder zweimal im Jahr (R7). Dies ist einerseits bedingt durch die jeweilige Diskussions- und Teamkultur sowie andererseits durch bestimmte „wertungsaffine" Fachmaterien[64]. In der Regel wird man sich in den Senaten jedoch nach Möglichkeit um eine Konsensentscheidung bemühen (R9)[65].

2.3.6 Die Senatsvorsitzenden

Nachdem die Berichterstattenden den Entwurf fertiggestellt haben, wird der Akt samt Entwurf an die oder den Senatsvorsitzenden weitergeleitet. Sollte seitens der Berichterstattenden nicht bereits vorab der Kontakt gesucht worden sein, so erfahren die Vorsitzenden idR erst ab Aktenübersendung vom anhängigen Fall (R9).

Von den Vorsitzenden wird in weiterer Folge der Entwurf geprüft, allenfalls Rücksprache mit den Berichterstattenden gehalten oder der Akt mit Anmerkungen zum Entwurf an die Berichterstattenden retourniert (R6). Sollte es mehr Informationsbedarf im Vorfeld der Senatssit-

---

[64] Bspw Markenrecht.
[65] Vgl auch G. *Kodek,* Funktion und Arbeitsweise des OGH – die Binnensicht in G. *Kodek,* Zugang zum OGH (2012), Seite 106.

zung geben, so können die Vorsitzenden einen Aktenumlauf initiieren (R1).

In gewisser Weise sind die Senatsvorsitzenden für die Berichterstattenden „Sparringpartner" und übernehmen im Vier-Augen-Prinzip eine kontrollierende bzw auch ergänzende Funktion bei der Erstellung des Entwurfs (R1, R3, R5, R9). Auch in der Senatssitzung setzt sich diese Haltung fort: Die Vorsitzenden greifen in den Bericht allenfalls korrigierend bzw ergänzend ein, sollte aus ihrer Sicht ein Aspekt oder eine bestimmte Problematik noch nicht zur Sprache gekommen sein (R6, R12). Insgesamt nehmen die Vorsitzenden auch eine moderierende Rolle[66] bei der Senatssitzung ein (R3, R4, R6). Weiters haben sie jedenfalls auch die Möglichkeit, sich den gesamten Akt anzusehen, da ihnen dieser ja bereits im Vorfeld der Sitzung samt Entwurf übermittelt wurde. In der Senatssitzung selbst haben sie ebenfalls nur eine Stimme bei der Abstimmung.

Erwähnt werden soll auch, dass Vorsitzende – neben der kontrollierenden – prinzipiell auch eine positive bestätigende Funktion für ihre BerichterstatterInnen haben können, da sie ihnen unmittelbar Feedback zu ihrer Arbeitsleistung geben können. Allerdings finden solche positiven Bestätigungen – notwendigerweise aufgrund der herrschenden Zeitknappheit – regelmäßig seltener und weniger ausführlich statt, als kritische Rückmeldungen zum Entwurf ergehen (R4, R6).

Durch die Vorabkenntnis des Entwurfs und die Möglichkeit, bereits vor der Senatssitzung in die inhaltliche Diskussion des Falles und der Falllösung einzusteigen, haben die Vorsitzenden eine Sonderposition in der Entscheidungsfindung inne. Ihr Feedback zum Entwurf kann die

---

[66] Vgl hierzu auch § 60 Abs 1 Geschäftsordnung des OGH 2005.

Berichterstattenden in die eine oder andere Richtung lenken. Dies ist im Sinne eines Vier-Augen-Prinzips sogar ausdrücklich erwünscht, kann jedoch allenfalls zu einem ungebotenen Ungleichgewicht führen, sofern die eigene Meinung zu hartnäckig forciert wird (R1, R2). Die ebenfalls unerwünschte Kehrseite wäre, dass der oder die Berichterstattende angebrachte Kritik ignoriert.

Als „am längsten dienende" Senatsmitglieder[67] hat die Meinung der Vorsitzenden wohl auch zusätzliches Gewicht in der Diskussion der Entscheidungsfindung und gebietet dadurch erhöhtes Verantwortungsbewusstsein und verstärkte Selbstreflexion, um der eigenen Stimme das allenfalls unbotmäßige Gewicht zu nehmen. Auch besonders im Vorfeld ist eine solche selbstreflexive Haltung angezeigt, da hier bereits eine gewisse Weichenstellung für die letztendliche Entscheidung im Senat vorgelegt wird (R1, R3). Dies wird beispielsweise durch einfache Mittel, wie die Verwendung eines Bleistifts bei Korrekturen im Entwurf unterstützt (R2, R4, R8) und gewahrt. Sind sich nämlich Berichterstattende und Vorsitzende einig, so werden wohl nur gröbere Unstimmigkeiten (aus dem Bericht oder dem Entwurf) allenfalls zu einer ausführlicheren Diskussion im Senat führen. Dieser Umstand birgt zumindest die Gefahr, dass – sollte im Vorfeld von den Berichterstattenden oder den Vorsitzenden etwas übersehen werden – dies auch nicht dem Senat zur Kenntnis gelangen kann und wird (R5, R6); folglich kann darüber auch nicht weiter beraten und allenfalls die Entscheidung im Zuge der Senatssitzung (respektive danach) nicht mehr korrigiert werden.

Es empfiehlt sich insgesamt also eine möglichste offene Kommunikation im Senat, auch hinsichtlich der im Vorfeld stattgefundenen in-

---

[67] Vgl hierzu auch die Reihungskriterien von Besetzungsvorschlägen bzgl Planstellen von SenatspräsidentInnen an das Bundesministerium für Justiz gem § 33 Abs 2 Z 2 RStDG.

haltlichen Diskussion; oder aber, bei divergierenden Fachmeinungen zw Berichterstattenden und Vorsitzenden, eine diesbezügliche Befassung und offene Diskussion in der Senatssitzung (R1, R2). Diese wird auch aktiv gesucht und das Kontrollmoment der Fünfer-Senatsgerichtsbarkeit sehr geschätzt (R4, R5, R9).

In der Endredaktion der Entscheidung werden allenfalls noch Beistrich- oder Zitatfehler von den Vorsitzenden verbessert, vielleicht noch geringfügige Änderungen bei Formulierungen, aber keine inhaltlichen Änderungen des Entwurfs mehr vorgenommen (R1, R3, R12).

2.3.7 Der Senat und das einfache Senatsmitglied

Jeder der zehn Zivilsenate besteht aus jeweils fünf Mitgliedern: Vier BerichterstatterInnen und einer oder einem Vorsitzenden. Die Senate behandeln einerseits allgemeine Zivilrechtssachen und andererseits hat jeder Senat auch eigene Fachmaterien. Folgende Tabelle zeigt auszugsweise einige Fachmaterien der Zivilrechtssenate des OGH[68]:

---

[68] Zuordnung der Fachsachen lt Geschäftsverteilungsübersicht des Obersten Gerichtshof ab 1. Jänner 2014.

1. Senat	Amtshaftung, Entschädigung ungerechtfertigt Verurteilter, Wasserrecht, Eherechtssachen
2. Senat	Haftungssachen Kraftfahrzeuge, Entschädigungen nach dem Verkehrsopfergesetz, Sozialversicherungsrecht
3. Senat	Exekutionssachen, Anfechtungen nach der IO und der Anfechtungsordnung
4. Senat	Lauterkeits- und Immaterialgüterrecht, Namens- und Domainrecht
5. Senat	Grundbuchssachen, Miet- und Wohnrecht, Liegenschaftsrecht
6. Senat	Firmenbuch- und gesellschaftsrechtliche Außerstreitsachen, Gesellschaftsrechtssachen, Datenschutz, Ehrenbeleidigung
7. Senat	Vertragsversicherungsrecht, Transportverträge, bestimmte Exekutionsrechtssachen
8. Senat	Insolvenzsachen, Reorganisationssachen, Wechselstreitigkeiten, bestimmte Sozial- und Arbeitsrechtssachen
9. Senat	Bestimmte Arbeitsrechtssachen
10. Senat	Bestimmte Sozialrechtssachen, Rechtssachen nach dem UVG
16. Senat*	Rechtsmittel gegen Beschlüsse des Kartellgerichts

* ausschließlich Fachsachensenat, keine allgemeinen Zivilrechtssachen

Die Berichterstattenden des Senats wechseln sich in der Senatssitzung mit ihren Referaten bzw Berichten idR ab. Damit wechselt sich die Rolle der Berichterstattenden in jeder Sitzung mehrmals mit der Rolle des einfachen Senatsmitglieds ab. Dies ist dann der Fall, wenn man selbst gerade nicht als BerichterstatterIn referieren muss. Die finale Entscheidung selbst wird durch den gesamten Senat getroffen; eine

Veröffentlichung des Abstimmungsergebnisses bzw des berichterstattenden Mitglieds ist nicht vorgesehen.

2.3.8 Die RechtsanwenderInnen, die Lehre, die Praxis, Gerichte (Publikum)

Zuletzt möchte ich noch auf einen weiteren Akteurskreis hinweisen, welcher sich ebenfalls in den erhobenen Daten als klar relevant ausmachen ließ: die allgemeine Praxis und Öffentlichkeit. Zu diesen lassen sich die Gerichte, die RechtsanwenderInnen, die Lehre, die rechtsberatenden Berufe und (Fach-)Medien zählen. Man könnte sie auch das „erweiterte betroffene Publikum" oder den erweiterten Adressatenkreis der OGH-Entscheidungen nennen.

Allen ist gemein, dass sie in irgendeiner Form die Entscheidungen des OGH beobachten und verwerten. Die Gerichte[69] orientieren sich an höchstgerichtlicher Rechtsprechung und wenden die Erkenntnisse aus der Begründung der Entscheidung oder aber auch neue oder erweiterte Rechtssätze auf die von ihnen zu lösenden Rechtsfälle an. Sehr ähnlich verhält es sich auch mit den rechtsberatenden Berufen, welche insbesondere (auch) auf Basis der neuesten Judikate Rechtsrat erteilen oder ein laufendes Verfahren entsprechend mit neuen Argumenten „füttern". Diese stehen auch an der Schnittstelle zu den Rechtsratsuchenden oder den RechtsanwenderInnen, welche letztendlich alle Rechtsunterworfenen meinen; auch für sie haben Entscheidungen des OGH allenfalls eine Auswirkung. Etwa, weil es bereits einen konkreten Rechtsstreit betrifft oder aber, weil das Judikat Rechtsthemen von unmittelbarer Relevanz betrifft. Auch diese AkteurInnen werden in den Entscheidungen (va in der konkreten Formulierung oder auch in *obiter dicta*) und in der Ent-

---

[69] Gemeint sind nunmehr nicht (nur) die bestimmten Vorinstanzen eines Falles, wenngleich auch diese – bspw bei Zurückverweisung – wiederum Adressaten der Entscheidung sein könnten.

scheidungsfindung mitgedacht und berücksichtigt (R1, R2, R4, R6, R7, R9).

Eine besondere Beziehung zur höchstgerichtlichen Judikatur hat die Lehre. Sie beschäftigt sich mit manchen Entscheidungen besonders intensiv. In Glossen, Entscheidungsbesprechungen, Fachartikeln oder auch Kommentaren werden allgemeine Judikaturlinien oder auch einzelne Entscheidungen im Besonderen besprochen und teils ausführlichst diskutiert (R4, R9). Dessen sind sich auch die HöchstrichterInnen bewusst. Regelmäßig werden sie auf Entscheidungsbesprechungen von ergangenen Entscheidungen ihrer Senate aufmerksam gemacht. Viele RichterInnen sehen darin durchaus auch ein wertvolles Feedback zu ihrer Tätigkeit und interessieren sich gerade auch für die kritischen Stimmen und Anmerkungen (R4, R5). Dies auch deshalb, da die (höchst)gerichtliche Entscheidungsfindung in Österreich sich stets auch auf die Meinung der Lehre stützt bzw sich mit ihr in ihren Entscheidungen auseinandersetzt (R3, R4, R5, R6, R8)[70]. Somit ist die Lehre bei der Entscheidungsfindung und auch danach von Bedeutung.

Zusammenfassend ist zu diesem Akteurskreis zu sagen, dass auch dessen AkteurInnen Teil jenes *argumentativen Dialogs* sind, welchen ein bestimmter Rechtsstreit initiiert hat. Die allenfalls von ihnen vorgebrachten Argumente (Lehre) oder deren ähnliche Lebenssachverhalte (AnwenderInnen) und praktischen Notwendigkeiten (Gerichte) fließen idR ebenfalls ein, oder aber werden in künftigen Entscheidungen berücksichtigt (R4, R5, R6). Auch sie können so an der höchstgerichtlichen Entscheidungstätigkeit, nämlich der Kumulation von Wissen, partizipieren und freilich auch von ihr profitieren.

---

[70] Siehe etwa auch *Zechner* in *Fasching/Konecny*² § 503 ZPO Rz 47.

2.4. Entscheiden im Diskurs

Im vorigen Kapitel wurden die AkteurInnen sowie ihre jeweiligen Rollen im Entscheidungsfindungsprozess einleitend beschrieben. Dieses Kapitel wird sich nun vertiefend einigen ausgewählten *kommunikativen Momenten und Austauschpraktiken* der OGH-RichterInnen widmen, welche sich als routinierte Entscheidungsstrategien und -abläufe entwickelt haben. Anhand der typischen *Entscheidungsphasen* werden diese dargestellt und erläutert werden. Die Analyse der Daten findet nunmehr zunehmend auf einem höheren Abstraktionsniveau statt, um an späterer Stelle der Arbeit die *Logiken, das Wissen, die Ideale der Entscheidungsfindung* an die Zwischenergebnisse anknüpfen zu können.

An dieser Stelle möchte ich kurz den Begriff „Entscheidungsfindung" kritisch beleuchten. Entscheidungen werden viel weniger „gefunden", als dass sie gemacht werden. So wäre die Handlung besser mit „Entscheidungs-Er-findung" oder mit „Entscheidungs-Bildung" treffender beschrieben. Denn Entscheiden ist ein *diskursiver Analyse- und Konstruktionsprozess* und damit ein aktiver, gestalterischer Akt. Als solcher ist er nicht beliebig, sondern folgt systemimmanenten Entscheidungsmustern und bewährten Lösungsstrategien, welche sich im Laufe der Zeit entwickelt haben und von den entscheidungsrelevanten AkteurInnen stets weiterentwickelt werden können. Insofern sind diese Muster und Strategien prinzipiell auch wandelbar.
Die gegebene begriffliche Ungenauigkeit des Wortes möchte ich aufgrund der besseren Lesbarkeit dennoch in Kauf nehmen und vorrangig beim Terminus „Entscheidungsfindung" bleiben. Konzeptuell gemeint ist jedenfalls das gestalterische Tun der Handelnden.

Das Fällen von Entscheidungen ist zugleich auch Meinungs-Bildung. Jedes höchstgerichtliche Urteil wird Teil des Rechts-Diskurses und festigt, stützt (bestimmte) Meinungen oder verwirft diese und zeigt andere oder sogar gänzlich neue Wege auf. Eine höchstgerichtliche Entscheidung besteht ebenso wie die Entscheidungen der Vorinstanzen stets (neben anderen[71]) aus dem *Spruch* und der *Begründung*. Vereinfacht kann „*der Spruch*" als Ergebnis, „*die Begründung*" als Weg dorthin verstanden werden. Das Ergebnis ist auf eine relativ überschaubare Menge an Möglichkeiten eingeschränkt: Der OGH kann die Entscheidung der Vorinstanz bestätigen, ändern oder zur Ergänzung und neuerlichen Entscheidung durch eine der Vorinstanzen (gem § 510 ZPO) zurückverweisen; [72] oder aber, er kann sich inhaltlich (in der Entscheidung) gar nicht mit dem Fall befassen und das Rechtsmittel – mangels allgemeiner Zulässigkeitserfordernisse des Rechtsmittels oder mangels besonderer Zulässigkeitserfordernisse für die Revision/den Revisionsrekurs, bspw mangels Vorliegens einer erheblichen Rechtsfrage, oder auch mangels Inhaltsvoraussetzungen[73] – zurückweisen. Hingegen gibt es bei der Begründung deutlich mehr Spielraum und es können mehrere Lösungsvarianten von den OGH-RichterInnen verfolgt werden. So, wie es verschiedene Wege gibt, die zum gleichen Ziel führen, bieten sich idR immer verschiedene *Begründungs-Wege* an, die zum gleichen *Ergebnis-Spruch* führen. Allerdings darf nicht vergessen werden, dass insbesondere auch die Begründung für Dritte – nämlich das interessierte Publikum aus Lehre und Praxis – von besonderem Interesse ist, und die konkrete Begründungsausformung weitreichende Bedeutung haben wird. Denn

---

[71]   Vgl hierzu auch § 417 ZPO.
[72]   Präferenz einer enderledigenden Sachentscheidung (*Zechner* in *Fasching/Konecny*² § 510 ZPO Rz 1ff), jedoch bei Verfahrensmängeln Zurückverweisung an jene Instanz, deren Urteil/Beschluss vom Mangel befallen ist und bei unrichtiger rechtlicher Beurteilung oder Erfordernis der näheren Prüfung von Anspruchsgrundlagen, Berechnungen usw Zurückverweisung an das Berufungs-/Rekursgericht oder an die erste Instanz.
[73]   Angeführt in § 506 ZPO, zur Verbesserung und allfälliger Unverbesserbarkeit siehe *Zechner* in *Fasching/Konecny*² § 506 ZPO Rz 3ff).

gerade aus der Begründung lassen sich bedeutsame Schlussfolgerungen, rechtliche Auslegungen und Abgrenzungen und Entscheidungslogiken ableiten und deren Bedeutsamkeit für eigene – praktische oder theoretische – Rechtsfragen erkennen. Die Begründung macht das Ergebnis erst nachvollziehbar und bietet Informationen zu den entscheidungswesentlichen rechtlichen Überlegungen. Mit jeder Entscheidung des OGH sind die anderen AkteurInnen dazu angehalten, sich (allenfalls) neu zu positionieren, zumindest aber die „Macht des Faktischen" einer ergangenen höchstgerichtlichen Entscheidung hinzunehmen und sich darauf einzustellen.

Der Weg zur Entscheidung durchläuft regelmäßig verschiedene Etappen. Aus dem analysierten Datenmaterial ließen sich fünf Phasen ableiten, welche bestimmte Merkmale hinsichtlich ihrer *Funktionalität im Entscheidungsprozess* aufweisen. Zunächst findet eine erste *Orientierungsphase* statt; es folgt eine *Vertiefungs- bzw Verbreiterungsphase* sowie weiters eine erste *Konkretisierungsphase; in der Diskussions- und Präsentationsphase* erfolgt die Fixierung der Entscheidung, welche sodann in der *Nachbereitungsphase* auch einem größeren Publikum zur Verfügung gestellt wird.

Angemerkt werden soll, dass diese Phasen nicht notwendigerweise scharf voneinander zu trennen sind. Je nach BerichterstatterIn oder gegebenen Senatsgepflogenheiten werden manche Phasen stärker ineinanderfließen oder deren typische Praktiken überlappen. Weiters kann es auch vorkommen, dass manche Phasen ein zweites Mal durchlaufen werden, dann etwa, wenn Überarbeitungen oder vertiefende Rechtsrecherchen notwendig sein sollten.

Welches Ziel ein Fall hat, und welchen Weg der OGH bei seiner Entscheidung einschlägt, wird in einem diskurs-orientiertem Prozess festgelegt. Die diskursiven Praktiken der Entscheidung werden im Folgenden anhand der fünf Phasen erläutert. Die vorgestellten Handlungspraktiken sind nicht als abschließende Aufzählung zu verstehen, sondern sollen einige elementare Tätigkeiten und besondere Stationen der Entscheidungsfindung illustrativ aufzeigen.

2.4.1 Die Orientierungsphase

Bevor ein Fall entschieden werden kann, muss eine konkrete Verortung des Falles stattfinden. Bevor jedoch in den eigentlichen Analyseprozess eingestiegen wird, wird (ein weiteres Mal, nach der Beurteilung durch das Evidenzbüro) die formale Zulässigkeit des Rechtsmittels hinsichtlich Rechtzeitigkeit und Streitwertgrenze gem § 502 Abs 2 und 3 ZPO geprüft. Fällt diese Prüfung negativ aus, wird die Zulässigkeit des Rechtsmittels bereits vor der (inhaltlichen) Prüfung gem § 501 Abs 1 ZPO verneint[74] und das Rechtsmittel zurückgewiesen.

Jeder Fall wirft bestimmte entscheidungsrelevante rechtliche Fragen auf, mögen diese von erheblicher Bedeutung sein, oder auch nicht. Im Zuge der Entscheidungsfindung werden die Antworten auf diese Fragen vor dem Hintergrund von Gesetzgebung, Rechtsprechung und Lehre diskursiv erschlossen. Rechtsprechung und Lehre bieten idR eine Fülle an Meinungen, Positionen und teils bereits auch mögliche Lösungswege für bestimmte Rechtsprobleme an. Dadurch eröffnet sich ein idR weites *thematisches Feld von Rechtspositionen*, welche Teil der allgemeinen Rechtsdiskussion sind. Dieses Feld muss zunächst auf den konkreten Fall eingegrenzt werden. Diese Aufgabe übernehmen die berichterstattenden Senatsmitglieder im Zuge der Akteneinarbeitung und -aufbereitung. In dieser Phase findet somit bereits eine vorläufige Definition des Falles und der zu behandelnden Rechtsthemen statt.

---

[74] Vgl auch Kapitel 1 dieser Arbeit.

Der kommunikative Austausch ist gewissermaßen ein *Etappenziel* im Entscheidungsfindungsprozess. Direkter und intensivierter Austausch findet <u>nach</u> der Orientierungsphase statt. Die Diskursfähigkeit des zu entscheidenden Falles muss zu allererst hergestellt werden: Welche Fragen müssen vom OGH beantwortet werden? Wo sind diskursive Anknüpfungspunkte in Rechtsprechung und Lehre? In welchen rechtlichen Feldern wird die Entscheidung zentrale Bedeutung haben und zu welchen Annexmaterien wird es wohl Berührungspunkte geben? Diese und ähnliche Fragen müssen sich die Berichterstattenden zu Beginn der Aktenbearbeitung stellen, um in weiterer Folge die eigenen Gedanken und das eigene Fachwissen zu strukturieren und sukzessive die eigene Meinung zu konkretisieren (R2).

Ganz zu Beginn der Orientierungsphase ist das Feld aus Sicht der Berichterstattenden noch weitestgehend offen. Sie selbst haben sich noch keine genau definierte Meinung gebildet und müssen sich erst im Akt orientieren, um eine erste Verortung des Falles und der Rechtsprobleme vorzunehmen. Ziel dieser Phase ist es, sich *eine erste (vorläufige) eigene Meinung* zur Frage zu bilden, welche rechtlichen Probleme überhaupt gelöst werden müssen, um im Anschluss andere Meinungen in den Folgephasen effizienter und effektiver hinzuziehen zu können und so die eigene Meinung zu schärfen oder zu überarbeiten.

2.4.2 Die Vertiefungs- und Verbreiterungsphase

Haben sich die Berichterstattenden so weit in den Akt und den Fall eingearbeitet, dass sie das von ihnen zu bearbeitende Feld grob eingrenzen können und die Themen diskussionsfähig aufbereitet haben, kann eine gezielte Vertiefung der Rechtsthemen in der weiteren Analyse erfolgen. In dieser Phase werden die bestehenden Meinungen in Judikatur und Literatur geprüft, gegeneinander abgewogen oder – sofern diese keine genügend befriedigende Lösung bieten – auch eigene Ansätze entwickelt.

Dabei ist nicht jede Meinung gleich wertig oder bedeutsam: Eine Meinung gewinnt an Bedeutung und Gewicht im Diskurs, wenn sie von vielen und/oder bedeutsamen AkteurInnen geteilt wird. Diese Experten-positionen finden sich auch am OGH selbst. So gelten einige RichterInnen als ExpertInnen einer bestimmten Rechtsmaterie (bspw für Gesell-schaftsrecht, Familienrecht odgl). Aber auch singulär gebliebene im Diskurs vertretene Meinungen können durch überzeugende Argumente an Bedeutung gewinnen[75].

Eine besondere Relevanz bzw hohe Wertigkeit hat dabei die bisheri-ge „eigene" Meinung des höchstrichterlichen Kollektivs. Was der OGH bereits an Entscheidungsrichtungen vorgegeben hat, soll system-logisch[76] auch bereits die Meinung der Berichterstattenden definieren. Die österreichische Rechtsordnung[77] wünscht eine gewisse Stabilität der Rechtsprechung, wenn es auch – anders, als etwa im anglo-ameri-kanischen Raum – kein bindendes *Case Law* in Österreich gibt. Die Gerichte und freilich auch der OGH sind an sich nicht an ältere Ent-scheidungen gebunden. Dies steht nur bedingt im Widerspruch zur Leit-funktion des OGH und zur gebotenen Stabilität der Rechtsprechung: Das

---

[75] Vgl hierzu Kapitel 2.3.2 dieser Arbeit zur Bedeutsamkeit der Argumentation im Rechtsmittel.

[76] Vgl § 8 OGHG zu Befassung eines Falles durch einen verstärkten Senat.

[77] Vgl nur § 502 ZPO, § 8 OGHG; Weiters auch zur „Leitfunktion" des OGH in allen seiner Rechtsprechung unterliegenden Fragen nach österreichischem Recht, vgl VfGH 11.12.1996, G 52/95 (=G 53/95, G 54/95, G 55/95, G 56/95, G 1318/95, G 146/96), 17 Ob 42/08p und 5 Ob 222/09x („*soweit darunter (Vor-)Fragen des Verwaltungs-rechts fallen, muss deren Lösung mit der Judikatur des Verwaltungsgerichtshofs nicht übereinstimmen*"); und *Danzl*, Der Weg zum OGH nach der WGN 1997, ÖJZ 1998/5a SNr, 1; *Müller*, Arbeitsrecht und Sozialrecht – Probleme der Divergenz von Recht-sprechung, DRdA 1998, 305.

System der Rechtsprechung soll stabil, zugleich aber nicht starr und unflexibel sein. Richtungsänderungen und Korrekturen sollen möglich sein, wenn sie in Anbetracht der Umstände (Wandel in der Gesellschaft, Gesetzesänderungen, udgl) geboten sind.

Ohne weiteres werden sich die Berichterstattenden der Meinungsmacht des OGH also nicht entziehen können. Etwa, weil der Zugang bei entsprechend ständiger Judikatur allenfalls überhaupt versagt bleibt (da die Hürde deutlich höher ist), oder aber, weil ein verstärkter Senat einzuberufen wäre, falls von der bisherigen Rechtsprechung abgegangen werden soll. Die gefestigte Rsp ist ein rechtsstaatliches, rechtssoziologisches, -wissenschaftliches und letztlich sogar rechtsdogmatisches Gut, welches jedenfalls Berücksichtigung bei allen weiteren OGH-Entscheidungen erfahren soll.

Essentiell in dieser Phase ist das Sammeln, Ordnen und Systematisieren von Meinungen. Welche konkreten Meinungen und Positionen gibt es seitens relevanter AkteurInnen aus Rechtsprechung, Lehre und Praxis? Welche AkteurInnen positionieren sich zustimmend oder ablehnend oder äußern sich kritisch und weshalb? Hierzu zählen auch die Meinungen von (Senats-)KollegInnen, weshalb in dieser Phase der Austausch mit anderen intensiviert wird. Dies hilft dabei, die Stärken und Schwächen der gegebenen Meinungspositionen auszuloten. Vor der Senatssitzung selbst dient der Austausch vor allem bei komplexeren, schwierigeren Rechtsthemen einer grundsätzlichen, möglichst breiten Verortung des Problems. Diese Verortung bietet eine erste Orientierung für die eigene Positionierung der Berichterstattenden im fachlich geführten Diskurs zur Rechtsthematik. Die eigene Meinung kann somit gezielter eingeschätzt (durch Zustimmung, Differenzierung bzw Ablehnung) und so allenfalls verfeinert oder aber revidiert werden. In dieser ersten Austauschphase werden gerne einfach „greifbare" KollegInnen konsultiert: Dies können Zimmernachbarn, SenatskollegInnen aber auch befreundete RichterInnen anderer Senate sein, mit denen man regelmäßig zu Mittag isst (R10). Die Diskussion mit OGH-fremden Personen wird – zumindest im Detail – idR aus Verschwiegenheitsgründen nicht möglich sein (R1, § 58 Abs 1 RStDG, § 46 Abs 1 BDG 1979 für das sonstige Personal), was die Möglichkeit des Austausches naheliegenderweise weiter einschränkt.

Der Meinungsaustausch hilft den Berichterstattenden auch dabei, sich über die eigene Position klarer zu werden, da ein Austausch mit anderen auch immer einer *Konkretisierung und Abstrahierung* des Falles und der Rechtsfragen bedarf und so den eigenen Gedankenprozess zwingend vorantreibt: Wichtiges muss von Unwichtigem, Allgemeines vom Besonderen getrennt werden.

Manche Rechtsthemen und -probleme sind dabei einer Diskussion zugänglicher als andere (R1). Generell werden wohl mittelkomplexe Rechtsfragen – vor allem in Form ausgewählter (abstrahierter) Teilaspekte eines Falles – am ehesten einer Diskussion mit anderen unterzogen. Mittelkomplexe Themen erfüllen zwei wichtige Diskussionskriterien: Für diese Themen ist es effizient, insbesondere jedoch effektiv eine Diskussion zu führen; einfache Probleme müssen nicht diskutiert werden, und hochkomplexe sind für eine „Stegreif-Diskussion" regelmäßig nicht geeignet (R1, R9). Die hochkomplexen Probleme bedürfen erst der intensiven Auseinandersetzung durch die Berichterstattenden im Rahmen der Entwurfsgestaltung, um überhaupt einer sinnvollen Diskussion bzw auch nur einer informierten Beurteilung in der Senatssitzung zugänglich zu werden. Aber auch bei mittelkomplexen Problemen empfiehlt sich eine grundsätzliche Auseinandersetzung durch die jeweiligen Berichterstattenden, bevor andere in die Diskussion miteinbezogen werden (R1, R4, R7).

In der Vertiefungs- und Verbreiterungsphase wird das entscheidungsrelevante Feld gewissermaßen kartographiert: Welche Meinungen von Lehre und Rechtsprechung gibt es? Welche Lösungsmöglichkeiten werden aufgezeigt? Anhand welcher Argumente werden diese dargestellt? Diese Verbreiterung des Wissens und das *Kartographieren der rechtlichen Themenlandschaft* sollen dabei helfen, den eigenen (Lösungs-)Weg zu definieren und (gegenüber sich selbst, wie auch anderen) plausibel argumentierbar bzw vertretbar zu machen.

2.4.3 Die Konkretisierungsphase

Anschließend wird die eigene Position verschriftlicht und im Kontext der anderen Positionen in präsentationfähiger Form festgehalten. Dies erfolgt idR unter „kartographischer" Darstellung der Themenlandschaft und deren Positionen. Welcher Position und allenfalls unter welchen Vorzeichen sich die Berichterstattenden anschließen oder sie für den konkreten Fall verwerfen möchten, wird im Entscheidungsentwurf entsprechend dargelegt. Das Ergebnis dieser Phase ist ein *konkreter Entwurf* mit einer vorgeschlagenen (vorläufigen) Entscheidung, welche in der Senatssitzung präsentiert und diskutiert werden kann. Allenfalls werden vor der Präsentation im Senat noch Anpassungen im Entwurf auf Anregung der SenatspräsidentInnen oder Änderungs- oder Ergänzungsvorschläge als Diskussionsbeitrag für die Sitzung mitgenommen.

Eine weitere kommunikative Praxis und Fixpunkt im Entscheidungsfindungsprozess ist der *kommunikative Austausch der Berichterstattenden mit den Senatsvorsitzenden*, welcher in seiner Intensität stark variieren kann. Diesem kommt eine besondere Bedeutung im Zuge der Entscheidungsfindung zu, da die Senatsvorsitzenden als einzige weitere

Senatsmitglieder den Akt bzw den Entwurf jedenfalls vor der Senatssitzung vorgelegt bekommen[78].

Der Austausch zwischen Berichterstattenden und Senatsvorsitzenden
selbst findet jedenfalls zu jedem Akt – wenn auch in vielen Fällen nur in
formaler Minimalintensität – statt. So muss zumindest indirekt vor der
Sitzung mit den Vorsitzenden ein kurzer kommunikativer Austausch
stattfinden (R6, R8).

Als geringste Form des Austausches ist jene zu nennen, bei welcher
der Akt mit dem vom berichterstattenden Mitglied erstellten Entwurf
vom Vorsitzenden an diesen ohne Kommentar retourniert wird (R5).
Dies kann als prinzipielle Zustimmung zum Entwurf gedeutet werden.
Insbesondere wird dies bei einfach gelagerten Fällen bzw einfach zu
beantwortenden Rechtsfragen der Fall sein. Fällen also, welche im bestehenden Diskurs bereits weitestgehend gelöst sind.

Stimmt die oder der Vorsitzende dem Entwurf nicht in allen Aspekten, jedoch noch immer weitgehend zu, so wird er oder sie Ergänzungs-
oder Änderungsvorschläge (mit Bleistift) in den Entwurf einfügen.
Stimmt wiederum das berichterstattende Mitglied diesen Vorschlägen
zu, so werden diese fix in den Entwurf für die Senatssitzung aufgenommen (R3, R4, R5). Werden jedoch alle oder einzelne Änderungen abge-
lehnt, so werden diese Anmerkungen als weitere Entscheidungsgrundlage mit in die Senatssitzung genommen und dort diskutiert (R2, R3, R5,
R6).

Sind Vorsitzende generell mit dem Entwurf bzw der eingeschlagenen
Richtung nicht einverstanden, so wird zumeist das direkte Gespräch zu
den BerichterstatterInnen gesucht (R3). Hier kann nun entweder das
berichterstattende das vorsitzende Senatsmitglied oder *vice versa* von
der jeweiligen Meinung überzeugen (R9), oder aber, man einigt sich auf

---

[78]   Vgl hierzu Kapitel 2.3.5 und 2.3.6.

einen Kompromiss bzw wartet die Diskussion in der Senatssitzung ab (R3, R7).

Gegebenenfalls werden in einem solchen Fall auch weitere Senatsmitglieder in diese Vorab-Diskussion eingebunden[79], um so zu einer breiteren Entscheidungsbasis zu kommen und allen die Gelegenheit zu geben, sich mit einer diskussionsintensiveren Frage vor der Sitzung näher auseinanderzusetzen (R6, R7).

In schwierigeren Fällen werden die Berichterstattenden idR selbst Kontakt zu ihren Vorsitzenden aufnehmen, um die "Marschrichtung" vor Abgabe des Entwurfs zu sondieren bzw die Bearbeitung einzugrenzen (R4, R7). Allenfalls ergänzend bzw alternativ hierzu, können die Berichterstattenden auch zu anderen KollegInnen zwecks Meinungsaustauschs (nochmals[80]) Kontakt aufnehmen. Dies können KollegInnen aus dem eigenen Senat oder aber auch befreundete oder fachlich besonders qualifizierte KollegInnen der anderen Senate sein (R2, R4, R5).

2.4.4 Die formelle Diskussions- und Entscheidungsphase

Der konkrete Entwurf wird in weiterer Folge in der Senatssitzung vom berichterstattenden Senatsmitglied vorgetragen, wobei sich die Berichterstattenden jeweils abwechseln. Je nach Erklärungs- bzw Diskussionsbedarf wird die Behandlung des Falles kürzer oder eben ausführlicher ausfallen. In dieser Phase wird die Aufbereitung des allgemeinen bzw bisherigen Rechtsprechungs-Diskurses wieder aufgegriffen und der Entwurf wird, sofern noch nötig, mit den Meinungen der anderen Senatsmitgliedern abgeglichen bzw konfrontiert.

---

[79] So könnte der Entwurf oder aber auch der gesamte Akt in Umlauf gehen und/oder Austausch in Form von Einsichtsbemerkungen stattfinden.
[80] Vgl hierzu Kapitel 2.4.2 zu Vertiefungs- und Verbreiterungsphase.

Jeder Zivilsenat tagt jeweils alle drei bis vier Wochen; seltener gibt es Senate, welche auch alle zwei Wochen tagen. Je nach Frequenz fallen pro Sitzung zwischen 20 und 30, nach der Urlaubszeit auch 40 oder gar 50 Fälle am Sitzungstag an. Durchgerechnet werden folglich zwischen fünf und zwölf Fälle je Berichterstatter in jeder Sitzung referiert. Eine Senatssitzung dauert idR einen Tag und endet am frühen Nachmittag oder dauert bis zum Abend. Sofern nötig, wird in manchen Senaten auch die Sitzung auf einen weiteren, zusätzlichen Tag erstreckt. Die Behandlung und Diskussion eines Falles kann von sehr kurz (ca zwei bis fünf Minuten; R1, R3) bis sehr lang (ein bis zwei Stunden; R5) oder auch über mehrere Sitzungstermine andauern (R1, R5, R10[81]).

Die Senatssitzung findet zumeist in den Zimmern der Vorsitzenden statt. An der Sitzung nehmen alle Senatsmitglieder und (in manchen Senaten) ein Mitglied des Evidenzbüros teil. Die Senatssitzung ist für die einfachen Senatsmitglieder (dies sind sie in Bezug zum Fall eines oder einer anderen Berichterstattenden) vor allem vom konzentrierten und aufmerksamen Zuhören geprägt (R2, R5, R6, R9).

Die anderen Senatsmitglieder erfahren idR erst in der Sitzung (oder auch kurz davor) von jenen Fällen, welche ihre KollegInnen als Berichterstattende bearbeitet haben. Zwar werden die meisten Senatsmitglieder mittels Sitzungsplan kurz vor der Senatssitzung über Parteien, Art des Rechtsmittels und stichwortartig über die Rechtsmaterie informiert, den Entwurf oder gar den Akt sehen viele der Befragten jedoch regelmäßig vor der Sitzung nicht (R2, R3, R4). Jedoch gibt es in manchen Senaten die Praxis, sich die zu entscheidenden Entwürfe einer Sitzung kurz vor dem Sitzungstag als Vorbereitung durchzusehen (R5, R8). Der Sitzungsplan oder auch die Tagesordnung wird von den Vorsitzenden er-

---

[81] Anmerkung: Die Zahlen basieren ausschließlich auf den Interviewdaten und sind nicht berechnet.

stellt, wobei hier auch die Ausführlichkeit von Senat zu Senat variieren kann (R4).

Die einfachen Senatsmitglieder unterziehen den Entscheidungsentwurf ihrer KollegInnen bei bzw nach dem Vortrag jeweils einer *Plausibilitätsprüfung* (R1, R2, R8). Fälle, die wenig komplex anmuten und deren Ergebnis eindeutig erscheint, werden selten einer genaueren Prüfung im Rahmen einer Diskussion oder einer gemeinsamen Literaturprüfung unterzogen. Auch bei hochkomplexen Einzelfällen (in einer „Ausreißermaterie"), wird weniger ausführlich diskutiert; dies deshalb, da die Lösung des Falles rechtliche Spezialgebiete betrifft, die weder der allgemeinen, noch der Expertise in Senatsfachsachen entspricht bzw entsprechen muss. Hier obliegt die kritische Entscheidungsfindung weitestgehend den Berichterstattenden bzw den Vorsitzenden (R1). Insofern steigt die Diskussionsteilnahme auch mit der persönlichen Fachexpertise des jeweiligen Senatsmitglieds (R1, R2, R8). Es sind also nicht alle Fälle bzw alle Rechtsfragen gleich *diskussionswürdig* bzw *diskussionsgeeignet*, da sie im Rechtsdiskurs bereits als ausreichend gelöst gelten oder, weil das für eine sinnvolle (dh kritische) Diskussion vorauszusetzende Wissen nicht bei allen Senatsmitgliedern parat ist, respektive unmittelbar im Vortrag vermittelt werden kann.

Spätestens im Rahmen der Senatssitzung müssen auch die anderen Senatsmitglieder klar Position beziehen und sich der Meinung in Entwurfsform anschließen oder aber eine Gegenposition einnehmen. Ist ein Entwurf auch nach ausführlicher Diskussion noch nicht entscheidungsreif (prinzipiell wird Einstimmigkeit angestrebt), so kann die Entscheidung ausnahmsweise auch vertagt werden (R5, R10). Je nachdem, wie die Diskussion verläuft und wie weit der Entscheidungsprozess gediehen ist, wird der Entwurf a) ohne Änderungen oder b) mit geringfügigen Änderungen zur Abstimmung gebracht, oder aber c) die Entscheidung mit bestimmten Maßnahmen (Erstellung eines Gegenentwurfs, umfassende Neugestaltung, Initiierung eines Aktenumlaufs, allgemeine Recherche zur eingehenderen Diskussion in der nächsten Sitzung odgl) vertagt. Bei letzterer Variante durchläuft die Entscheidungsfindung frühere Phasen[82] ein weiteres Mal.

Die formelle Diskussions- und Entscheidungsphase ist die am stärksten formalisierte im Entscheidungsfindungsprozess. In der Senatssitzung wird formalrechtlich die Entscheidung über bzw in der Sache gefällt. Alles, was bis zur Abstimmung stattgefunden hat, ist strenggenommen reine Vorarbeit gewesen, welche notwendig ist, um Entscheidungen in einem fünfköpfigen Richtersenat zu ermöglichen.

2.4.5 Die Nachbereitungsphase: Zustellung und Veröffentlichung der Entscheidung

Zuletzt wandert der Akt samt Entscheidung ins Evidenzbüro, welches die Aufnahme der aus der Entscheidung ableitbaren RS sowie deren Zurverfügungstellung im RIS besorgt. Dabei werden die RS teils von MitarbeiterInnen des Evidenzbüros, teils von Senatsmitgliedern des entscheidenden Senats selbst geschrieben. Reine *Gleichstellungen* (Ergänzungen zu RS, Bildung von Rechtssatzketten sowie Teil- und Beisätzen) werden zumeist von Evidenzbüro selbst vorgeschlagen (R11, R12). Die Kontrolle und Genehmigung erfolgt dann jeweils durch die Senatsvorsitzenden des entscheidenden Senats[83].

Für die Veröffentlichung der Entscheidung gilt eine einmonatige Sperrfrist (gem § 70 Abs 7 OGH-Geo), welche jedoch bei vollständiger Direktzustellung durch den OGH (vgl § 42 Abs 3 OGH-Geo) entfallen

---

[82] Bspw Wiedereinstieg in Phase zwei oder drei.
[83] Vgl hierzu auch §§ 60 Abs 6 und 55 Abs 4 OGH-Geo.

kann. Hierbei soll sichergestellt werden, dass die Entscheidung zuerst den Parteien des Verfahrens zugestellt und erst anschließend veröffentlicht wird.

Sobald die Entscheidung veröffentlicht wurde, involvieren sich (allenfalls) wiederum die externen AkteurInnen aus Lehre, Praxis und Gerichtsbarkeit, indem diese die neue Entscheidung aufgreifen, kommentieren, bewerten, beurteilen und so ihrerseits Position im rechtswissenschaftlichen Diskurs beziehen.

2.4.6 Resümee: Vom diskursiven „Finden" der Entscheidung

In den zuvor beschriebenen Phasen der Entscheidungsfindung werden das Feld des allgemeinen Diskurses in einem internen diskursiven Prozess sukzessive erschlossen und die zu treffende Entscheidung diskursfähig aufbereitet. Die Besonderheiten, welche sich hieraus ergeben, sollen im Folgenden dargestellt werden.

Rsp ist *diskursgetrieben*. Die Entscheidungsfindung ist darauf ausgerichtet und entwickelt sich in Ausverhandlung mit, sowie in Positionierung zu, internen und externen Meinungen. Eine ganz konkrete OGH-Entscheidung kann als wegweisende, (per System legitimierte und daher zwingend) relevante Meinung im Rechtsdiskurs begriffen werden.

Entscheidungsfindung ist ein diskursiver Auswahl- und Aushandlungs-Prozess, in welchem unter Berücksichtigung bereits bestehender (externer) Wissensbestände zunächst die eigene vorläufige Position bestimmt wird. Die eigene Position besteht dabei aus mehreren Elementen: aus jener Meinung des berichterstattenden Mitglieds, aus der Meinung der oder des Vorsitzenden sowie aus dem Produkt aus diesen beiden – dem präsentationsfähigen Entscheidungsentwurf. Diese vorläufige

71

Meinungsposition basiert auf *externen und internen Konsultationen*, welche in den ersten Phasen vor der formellen Entscheidungsphase[84] gesammelt und verwertet werden. Man kann diesen Vorgang auch als *Verortungsprozess in der juristischen Meinungslandkarte* beschreiben, welcher in der Entscheidungsfindung als Ausgangspunkt dient.

Die Entscheidung ist also insofern bereits inhärent in den rechtswissenschaftlichen Rechtsprechungslogiken und -konventionen getroffen und damit gleichsam ein Stück weit vorweggenommen worden. Die gesetzlichen Vorschriften, die Auslegungs- und Deutungsregeln (und auch die bereits ergangene Rechtsprechung), sie alle bieten nach dem Verständnis unseres Rechtssystems alle nötigen Informationen[85], um eine strittige Rechtsfrage korrekt zu lösen. Die BerichterstatterInnen müssen auf Grundlage des gerichtsanhängigen Streits die „richtige", sprich die *system-stimmigste* Auswahl der anzuwendenden Normen und Regeln treffen. Entscheidungsfindung ist also das Wählen einer bestimmten Kombination von bereits vorhandenen Lösungswegen und Anwendung von gegebenen (Auslegungs-)Regeln, welche in ihrer so gegebenen spezifischen Kombinatorik bestimmte Muster aufweisen.

Da ähnliche Fälle und Rechtsfragen auch ähnliche Entscheidungsmuster besitzen, bilden sich im Laufe der Zeit umfangreiche *kollektive Wissensarchive oder Wissensbestände*, welche durch alle DiskursteilnehmerInnen (ua, den hier genannten AkteurInnen) laufend gespeist, verfeinert und kritisch durchleuchtet werden.

Insofern schließt jede Entscheidung an diesen Diskurs an und bestätigt damit bestehende Positionen, und sie verwirft andere Positionen oder zeigt Differenzierungen auf. Gleichzeitig erfahren auch die Bedeutsam-

---

[84] Vgl auch Kapitel 2.4.4 dieser Arbeit.
[85] Man denke etwa an die juristischen Interpretationsregeln, welche eben auch lückenhafte Vorschriften einer juristisch korrekten Lösung zuführen können sollen.

keit und Systematik des Rechtsdiskurses Bestätigung, und zwar unabhängig davon, ob bestimmte bestehende Meinungen bestärkt oder geschwächt werden sollen. Jede Bezugnahme auf seine TeilnehmerInnen und Meinungspositionen erzeugt auch deren Relevanz und fördert die eigene. Um die Positionierung bewusst vornehmen zu können, legen die BerichterstatterInnen die für ihren Fall relevanten Diskurspositionen frei – in Erbstreitigkeiten mit Unternehmensnachfolge-Themen bspw familien- aber auch gesellschaftsrechtliche Bezüge – und geben eine Marschrichtung vor, welche in der Senatssitzung Grundlage für die letztendliche Entscheidung ist. Im allgemeinen rechtlichen Diskurs obliegt den Senaten des OGH *per definitionem* bindende *Deutungshoheit* für den aktuellen Status der Diskussion.

Diskurs ist kommunikativer Meinungsaustausch, welcher sich in der kommunikativen Partizipation im Handeln der DiskursteilnehmerInnen als steter Prozess verwirklicht. Er ist fluide, flüchtig und nie abgeschlossen. Im Zuge seiner produktiven Herstellung werden Wissensbestände generiert, vermittelt, ausverhandelt und verfügbar gemacht. Diskurs findet im kleineren Maßstab statt – in kurzen, direkten persönlichen Gesprächen, im Austausch via E-Mail – aber auch im größeren Maßstab – in Diskussionen in breiter Öffentlichkeit mit vielen Teilnehmenden, über einen länger andauernden Zeitraum geführt.

In der Soziologie ist „Diskurs" als allgemeines und besonderes[86] Konzept bekannt. Ganz allgemein wird unter dem Begriff *„das sukzessive, logische Fortschreiten von einem bestimmten Argument zu einem anderen durch begriffliches ('diskursives') Denken (im Gegensatz zum 'intuitiven Denken')"* verstanden[87]. Die Entscheidungsfindung ist idS ein

---

[86] Etwa im gesellschaftstheoretischen Werk des deutschen Philosophen und Soziologen *Jürgen Habermas*, oder aber auch im Werk des französischen Philosophen und Psychologen *Michel Foucault*, welcher als Begründer der *Diskursanalyse* gilt; weiters ist auch der *performative Diskurs* nach *Pierre Bourdieu* zu nennen.

[87] Allgemeine soziologische Definition nach *Gripp* 1995 (1994).

kontinuierlich erarbeitetes, argumentatives Positionieren, in welchem Wissensbestände und Meinungen kommunikativ erschlossen werden.

Es gibt unterschiedliche Typen des diskursiven Erschließens von Meinungen, welche bei der Entscheidungsfindung angewandt werden. Aus den Daten ließen sich zwei Kategorien destillieren: die *externe* sowie die *interne Konsultation*. Die folgende Tabelle stellt die systematische Gliederung schematisch dar, bevor diese im Folgenden näher besprochen wird:

externe Konsultation	interne Konsultation	
Wissensbestände und Positionen aus Lehre und Praxis	**formell** - der Vorsitzenden - in der Senatssitzung	**informell** - Zweiergespräche - Kleingruppen
	Entwurf vorab / Akt in Umlauf	
Hybrid – selbst erzeugte Diskurspositionen ergangene Judikate, Rechtsprechungslinien , Rechtssätze		

Generell ist bei der Wahl der Konsultationen im konkreten Fall folgende Tendenz auszumachen: Je weniger die gegenständliche Rechtsfrage bereits von dem/der Berichterstattenden aufbereitet wurde, umso eher werden informelle Austauschformen gewählt. Je weiter Berichterstattende jedoch mit ihren Entwürfen sind, oder aber fürchten, eine ungeeignete Richtung einzuschlagen, umso eher werden die zuständigen Vorsitzenden – als *Mit-Entscheidende* der letztendlichen Entscheidung – involviert. Würden Berichterstattende verfrüht in den Austausch mit ihren Vorsitzenden gehen, würde sich allenfalls ein persönliches Risiko realisieren: Ohne die nötige Vorbereitung läuft man Gefahr, sich damit eine (fachliche) Blöße gegenüber mitentscheidenden KollegInnen zu geben. Dies deshalb, da die eigene Arbeit bzw Kompetenz so unvorbereitet auf dem Prüfstand stehen könnte.

Externe Konsultation:
diskursive Wissensbestände der Datenarchive

Zu den Wissensbeständen der Datenarchive zählen alle bereits im allgemeinen Diskurs befindlichen Fachmeinungen aus Lehre, Wissenschaft und Literatur. Als externe Quelle bieten diese ein umfangreiches, sich stets veränderndes Archiv an Meinungen und Positionen des allgemeinen Rechtsdiskurses.

Nach der ersten Verortung des Problems (vgl erste Phase) werden von den BerichterstatterInnen die diskursiven Wissensbestände in den Datenarchiven systematisch konsultiert. Dies geschieht über Abfrage der Online-Rechtsdatenbanken der Verlage Manz und LexisNexis (Fachpublikationen in Zeitschriften), der Recherche in der eigenen Handbibliothek bzw der öffentlichen Bibliothek des OGH sowie weiters auch über die Abfrage des RIS.

Das RIS stellt hinsichtlich der dort gesammelten Entscheidungen und RS eine Ausnahme von der hier gewählten Klassifizierung dar. Im RIS sind neben extern produzierten Gesetzestexten und Entscheidungen anderer Gerichte (BG, HG, LG und OLG), auch die (OGH-)intern produzierten Wissensbestände in Form von OGH-Entscheidungen und Rechtssatzketten bzw RS enthalten. Die *hybride Position* des RIS ist durch die Praxis der Entscheidungs-Veröffentlichung[88] bedingt. Dadurch werden OGH-Entscheidungen Teil des allgemeinen Diskurses. Insofern sind diese *extern geführte* (da allgemein zugänglich)*, jedoch intern erzeugte Wissensbestände.*

---

[88] § 15 OGHG.

Interne Konsultation:
informelle und formelle Austauschformen

Zu den internen Konsultationen zählen alle kommunikativen Austauschformen, welche OGH-intern stattfinden und in welchen interne Positionen ermittelt werden. Diese bauen durchaus auf einer zuvor durchgeführten Konsultation externer Wissensbestände (Recherche von Literaturmeinungen udgl) auf und würdigen diese Befunde und Positionen kritisch. Anders als bei der externen Konsultation ist hier ein wechselseitiges Bezugnehmen der AkteurInnen aufeinander zu beobachten. Denn die externe Konsultation ist vorerst – nämlich bis zum Abschluss der Entscheidungsfindung und Veröffentlichung der Entscheidung im RIS – ein rein *einseitiger Konsultationsprozess.* Dies in dem Sinne, dass sich die allgemeinen diskursiven externen Wissensbestände nicht durch die Konsultation durch die BerichterstatterInnen verändern. Die konsultierten KollegInnen am OGH können hingegen ihre Meinung in der Interaktion, im Austausch mit den anfragenden BerichterstatterInnen ändern, anpassen oder überhaupt erst diskursiv herstellen. Der diskursive Prozess ist in Bezug auf die laufende Entscheidungsfindung also unmittelbar reziprok. Erst wenn die Entscheidungsfindung abgeschlossen ist und diese veröffentlicht wird, können externe AkteurInnen darauf reagieren und so auch hier eine diskursive Feedbackschleife im wechselseitigen Austausch schließen.

Die Gestaltung *informeller Austauschformen* bzw die Entscheidung, bestimmte Formen zu nutzen (und andere nicht), hängt idR weitgehend von den BerichterstatterInnen ab. Jedoch gibt es auch informellen Austausch, welcher gemeinsam durch mehrere RichterInnen oder auch durch alle Senatsmitglieder initiiert und praktiziert wird.

Im Stadium der erstmaligen Entwurfsgestaltung ist vornehmlich die oder der Berichterstattende Adressat der mündlichen oder schriftlichen

Rückmeldung der KollegInnen. Dies ist ein funktionaler Prozess *des Auslotens der Marschrichtung* im *Feld der Entscheidungsmöglichkeiten*. Auch wird diese Entscheidung von *Ökonomiegedanken* getragen: Austausch von Gedanken, Meinungen und fachlichem Wissen, welcher zeitlich sparsam in den regelmäßigen Tagesablauf integriert werden kann, wird eher genutzt werden. Mit noch weitestgehend unausgereiften Ideen bzw einer diffusen Problemverortung wird ein – formell konnotierter – Austausch zu dem bzw der Vorsitzenden idR eher nicht gesucht werden.

Folglich wird für den angestrebten informellen bzw *unstrukturierten und ungezwungenen Austausch* auch ebensolche informellen Austauschgelegenheiten (bei Mittagessen, Kaffeerunden odgl) bzw Kontakte (befreundete KollegInnen) in Frage kommen. Diese sind zumeist leicht zugänglich, unterliegen kaum Einschränkungen in Art und Ablauf des Austauschs, weiters ist der Wissens- und Handlungsdruck gegenüber formellen, internen Konsultationen minimiert. Dies – sofern es sich um KollegInnen anderer Senate handelt – ist auch deshalb der Fall, da diese auch nicht die letztendliche Entscheidung mittragen müssen; die Verantwortung liegt hierfür bei anderen. Demnach sind senatsfremde KollegInnen auch tendenziell unbelasteter in einer informellen Diskussion. Dieser Umstand trifft auch auf die BerichterstatterInnen zu: diese dürfen sich in informellen Situationen noch *unverbindlich und unentschieden* geben und können sich Wissenslücken eher erlauben. Im formellen Austausch hingegen sind klare Positionen und durchdachte Konzepte gefragt, der Spielraum für Unsicherheiten und Ungewissheiten ist deutlich kleiner.

Dieser Vorteil – Entlastung vom Handlungs- bzw Entscheidungsdruck – zeigt sich auch in einer weiteren Form des informellen Austauschs, welche (zumindest) ein Senat praktiziert: *die informelle Aufwärmrunde* am Vortag der Sitzung.

Diese ist charakterisiert durch eine positive Unverbindlichkeit und ermöglicht allen Senatsmitgliedern einen offenen und freien fachlichen Austausch ohne den gegebenen formellen Diskussionsdruck der offiziellen Senatssitzung. Insbesondere die BerichterstatterInnen profitieren von diesem Austausch, da sie sich so noch einmal kritisch mit der eigenen Meinung (in Form des Entscheidungsentwurfs) auseinandersetzen können und die Gelegenheit haben, allfällige Rückmeldungen entsprechend in ihrer Präsentation am Folgetag berücksichtigen können. Positiv angemerkt wurde auch, dass so die Sitzung konzentrierter, iSv auf das Wesentliche reduzierter, ablaufen kann.

Den logischen Gegenpol bilden *formelle Austauschformen*: *Austausch mit den Senatsvorsitzenden* oder den anderen Senatsmitgliedern in der *Senatssitzung*. Diese Formen sind strenger formalisiert und institutionell verankert (siehe va § 5 Abs 2 OGHG zu Abstimmung, §§ 53 und 60 OGH-Geo). Dieser Austausch muss also bereits von Gesetzes wegen stattfinden und ist an sich nicht disponibel. Allerdings kann die eigentliche Umsetzung von den jeweils betroffenen AkteurInnen in vielen Aspekten individuell gestaltet werden.

Anzumerken ist, dass der Austausch zwischen Berichterstattenden und Vorsitzenden, dessen Intensität und die jeweils vertretenen Ansichten nicht notwendigerweise den übrigen Senatsmitgliedern (vor oder bei der Entscheidung im Senat) bekannt werden müssen. Wie offen die Entstehung des Entwurfs kommuniziert wird, also bspw, ob eine konträre Meinung vorlag, wie groß der Unterschied war und wer sich letztendlich welcher Position anschloss, liegt in Händen der Vorsitzenden bzw der BerichterstatterInnen (R1). Allenfalls kann eine hier unzureichende Information Einfluss auf das Ergebnis haben. Dies allein deshalb, da sich der präsentierte Entwurf durch das geübte Vorlaufprozedere zumeist als eine, von zwei Senatsmitgliedern getragene Entscheidungsvariante ausnimmt – ohne es womöglich auch sein zu müssen. Dadurch wird eine gewisse Stimmungslage oder Weichenstellung (R1, R8, R10) für die Abstimmung vorgegeben. Je klarer von den Berichterstattenden und ihren Vorsitzenden das Für und Wider des zu diskutierenden und zu entscheidenden Entwurfs kommuniziert wird, umso informierter werden die übrigen Senatsmitglieder den Entscheidungsentwurf und eine allfällig vorangegangene Diskussion in der Senatssitzung würdigen können.

Generell liegt also zwischen den entscheidenden AkteurInnen am OGH ein *systembedingtes Informationsungleichgewicht* vor (R8), welchem bei aktueller Strukturgegebenheit tatsächlich auch nur mit gezielter und reflektierter Information entgegengewirkt werden kann.

Eine Variante, frühzeitig allen Senatsmitgliedern Zugang zu entscheidungsrelevanten Informationen zu ermöglichen, ist, den *Entwurf oder den kompletten Akt in Umlauf* zu schicken. Der Akt wandert zunächst von den Berichterstattenden samt Entwurf des Urteils an die Senatsvorsitzenden, welche dann auch darüber entscheiden können, ob der Entwurf vorab oder aber der Akt (ausnahmsweise) in Umlauf an die anderen Senatsmitglieder gehen soll. Dies ist zumeist dann der Fall, wenn eine schwierige Rechtsthematik betroffen ist, der Vorsitzende mit dem Entwurf nicht einverstanden ist oder aber, weil ein anderes Senatsmitglied darum ersucht hat (R1, R7). Bei heiklen oder sehr komplexen Fragen wird der Umlauf auch vom Berichterstatter selbst initiiert (R1, R3, R4, R6).

Alle Senatsmitglieder können einen Aktenumlauf in Gang setzen, üblicherweise geschieht dies jedoch auf Initiative der Berichterstattenden oder der Vorsitzenden (R1, R2). So gibt es bspw die Praxis, dass der Aktenumlauf erst nach einer Erörterung des Entwurfs in der Senatssitzung gestartet wird (R5, R6). Viel häufiger – wenn auch nicht in allen Senaten – kommt es vor, dass die Entwürfe komplexerer Fälle vorab übermittelt werden (R7, R8, R11). Dies kann seltener vorkommen (etwa in einem Zehntel der Fälle, R7) oder auch zur allgemeinen Vorbereitungsroutine vor der Senatssitzung gehören (so gibt es etwa auch einen allen Senatsmitgliedern zugänglichen elektronischen Sitzungs-Ordner im internen EDV-Netzwerk; R5, R8).

Ob der gesamte Akt in Umlauf geht, hängt auch sehr von den Gepflogenheiten des Senats ab. Manche schicken nur in absoluten Ausnahmefällen den gesamten Akt in Umlauf (R2, R4, R7 – tw sogar nur zweimal im Jahr, R8, R11), andere schätzungsweise bis zu ein Viertel der Akten (R1) oder gar die Hälfte (R2). Eine Variante hiervon wäre, dass nur bestimmte Aktenteile (bspw Rechtsmittel sowie bekämpfte Entscheidung, R8) samt Entwurf in Umlauf gehen bzw an alle Senatsmitglieder versandt werden. Diese Form des Austauschs bringt mit sich, dass sich so auch die anderen Senatsmitglieder Details im Vorbringen oder der Sachverhalte im Akt näher ansehen können (R3, R4, R7).

Als negative Folge von eher seltenem, und daher gezieltem, Aktenumlauf kann allenfalls sein, dass hierdurch der Eindruck entsteht, diese Maßnahme würde prinzipielles Misstrauen gegenüber dem verantwortlichen berichterstattenden Mitglied implizieren. Diese unterschiedliche Wahrnehmung mag daran liegen, dass manche RichterInnen (bzw Senate) ungezwungener mit „kontrollähnlichen" Maßnahmen umgehen, als andere.

Gehen der Akt, Aktenteile oder nur der Entwurf in Umlauf, so werden zumeist kurz die Meinungen oder Positionen der Senatsmitglieder darin festgehalten (sog Einsichtsbemerkungen oder Stellungnahmen; R8, R12; tw auch nur handschriftlich, drei Zeilen bis zwei Seiten, seltener ausführliche Gegenentwürfe; auch die Übermittlung per E-Mail-Aussendung ist durchaus üblich). Ausführliche Stellungnahmen werden nur in Ausnahmefällen gemacht (R3, R4, R6, R8). Ein Vorteil des Aktenumlaufs bzw auch der Vorabübermittlung der Entwürfe liegt unter anderem in der Entlastung der Senatsmitglieder vom Sitzungsdruck durch Zeitersparnis am Sitzungstag (R3, R12). Weiters kann sich jedes Senatsmitglied selbst einen Eindruck verschaffen und nach eigenem Ermessen Details vertiefen und sich auch über einen etwas längeren Zeitraum – zumindest gedanklich – mit den zu entscheidenden Fragen auseinandersetzen (R3, R4). Freilich wird durch einen Aktenumlauf gleichzeitig die Verfahrensdauer insgesamt verlängert, weshalb dies va in komplexen Akten oder schwierigen Rechtsthemen (welche immer eine längere Bearbeitungszeit in Anspruch nehmen werden) zur Anwendung kommt (R3, R12).

Durch dieses Vorgehen wird der Akt bzw die Rechtsfrage genauer studiert und geprüft, und die anderen Senatsmitglieder können bereits vor der Senatssitzung in den internen Diskurs der Entscheidungsfindung einsteigen (R4, R8).

Zusammenfassend ist festzuhalten: Entscheidungsrelevante Kommunikation und Austausch finden in externen und internen Konsultationen zu jedem einzelnen Fall statt. Die internen Austauschformen lassen sich in informelle und formelle Typen einteilen. Formeller Austausch benötigt in der Regel mehr Vorarbeit, Vorwissen und Koordination, und folgt somit vermehrt strukturellen Regeln, weshalb auch mehr Vorlaufzeit benötigt wird. Informeller Austausch hingegen ist offener, risikoärmer, unverbindlicher und kann gerade zu Beginn des Entscheidungsprozesses effektiv und effizient genutzt werden. Positiven, entlastenden Einfluss haben Kombinationen aus formellen und informellen Austauschformen. Diese involvieren in einem *brainstorming-artigen Setting* alle bei der Abstimmung verantwortlichen Mit-Entscheidenden und entlasten dadurch die BerichterstatterInnen sowie das Setting der Senatssitzung.

Gezielter und zugleich umfassender Informationsaustausch und entsprechende Kommunikations-Maßnahmen fördern eine fundierte Entscheidung. Welche Konsultationen, wie intensiv und vielfältig eingesetzt werden, hängt insbesondere von den verfügbaren Zeitressourcen, genauso wie von der jeweiligen Senatskultur (dem vorherrschenden Prozedere, den spezifischen Gepflogenheiten) ab. Insofern hat Entscheidungsfindung am OGH auch eine gewichtige *kulturelle Dimension*, welche die konkrete Ausgestaltung des Entscheidungsfindungsprozesses stark beeinflusst.

2.5.   Rechtsprechung & Wissen

In den vorangegangenen Kapiteln wurden die AkteurInnen des Entscheidungsfindungsprozesses sowie die Phasen der Entscheidungsfindung dargestellt und erläutert. Weiters wurden die kommunikativen Aspekte unter besonderer Berücksichtigung der diskursiven Ausrichtung der Entscheidungsfindung beschrieben.

Das folgende Kapitel wird sich abschließend der *Bedeutung von Wissen* im Rechtsprechungsdiskurs widmen, und dartun, welchen Einfluss dieses handlungsleitende, praktische Wissen auf die Gestaltung und die Logiken der höchstgerichtlichen Rechtsprechung hat.

Zunächst ist nach den *Idealen der (höchstgerichtlichen) Rechtsprechung* zu fragen, um in weiterer Folge diese Ideale mit den *realen Bedingungen der höchstgerichtlichen Praxis* abzugleichen. Anhand der Brüche, Widersprüchlichkeiten und Reibungspunkte, welche sich notwendigerweise in dieser analytischen Konfrontation auftun, sollen die *Logiken und Strategien der Entscheidungsfindung* besprochen werden, mit welchen die OGH-RichterInnen sich den Idealen bestmöglich nähern möchten. Die sich so daraus ergebenden Handlungslogiken und -strategien werden die empirischen Befunde der Studie zusammenfassend abschließen.

2.5.1   Ideal vs Realität der richterlichen Entscheidungsfindung

Strategisches Handeln setzt Wissen über das Handlungsfeld voraus. Wissen über die *Ideale* und die Erwartungshaltungen der partizipierenden AkteurInnen, und weiters Verständnis sowie Kenntnis der *realen Bedingungen der Praxis*, die das Handlungsfeld determinieren.

Die Ideale der höchstgerichtlichen Rsp leiten sich aus der Tradition der Rechtswissenschaften, aber auch aus dem gesellschaftspolitischen Diskurs über die richterliche Praxis und die Zweckerfüllung der zivilen Gerichtsbarkeit her. So sollen höchstgerichtliche Entscheidungen der Einzelfallgerechtigkeit und der Rechtssicherheit[89] gleichermaßen dienen.

Ideale sind Zielsetzungen, welche im Alltag regelmäßig nicht zur Gänze oder nur in Ausnahmefällen erfüllt werden können. Und nicht selten sind Ideale (als Bündel von idealtypischen Vorgaben) auch in sich widersprüchlich oder aber finden in den Realbedingungen nicht notwendigerweise in allen Aspekten Berücksichtigung. Für die sozialwissenschaftliche Forschung sind empirisch-analytisch rekonstruierte Ideale eine ergiebige Erkenntnisquelle, welche die einem Feld innewohnenden Handlungslogiken offenzulegen helfen.

Der Faktor Zeit

Die verfügbaren, zumeist eher knappen Zeitressourcen sowie auch der Zeitdruck, eine Entscheidung in möglichst rascher Zeit zu fällen, prägen die Entscheidungsfindung als wichtige und grundsätzliche Rahmenbedingungen. Einerseits sollen die Parteien *möglichst rasch* eine Entscheidung des Höchstgerichts bekommen, andererseits soll diese *auch qualitativ hochwertig* bzw „richtig" (nicht nur, aber vor allem iSv „fachlich korrekt") sein. Letzteres setzt sorgfältiges Aktenstudium, erschöpfende Rechtsrecherche und – darauf aufbauend – eine kluge, ausführlich-präzise juristische Lösung voraus (R3, R4). All dies benötigt Zeit: Zeit, um sich mit den Akteninhalten, den rechtlichen Argumenten auseinanderzusetzen, Zeit, um sich in die Rechtsmaterie und Rechtsfragen einzuarbeiten und den aktuellen Stand in Rsp und Lehre zu erheben,

---

[89]   § 19 ABGB, vgl auch *Rechberger/Simotta*, Zivilprozessrecht[7] Rz 12ff; „Aufgrund der durch das Rechtsmittel eingeleiteten Überprüfung der gerichtlichen Entscheidung soll den Parteien größere Gewähr dafür geboten werden, dass diese Entscheidung letztlich **richtig** und damit **gerecht** ausfällt", *Rechberger/Simotta*, Zivilprozessrecht[7] Rz 804.

und Zeit, um die gewonnenen Erkenntnisse zu filtern und aufzubereiten, zu diskutieren und auf den vorliegenden Fall anzuwenden.

Die Idealbedingungen hinsichtlich des Faktors Zeit müssten also etwa so aussehen, dass der Akt schnellstmöglich einer Entscheidung zugeführt und erledigt werden kann und gleichzeitig jedenfalls ausreichend Zeit für eine gründliche und erschöpfende Bearbeitung und Entscheidungsfindung zur Verfügung steht. Durch Zeitknappheit bedingter *Handlungs- und Entscheidungsdruck*, welcher *zu Lasten der Qualität* geht, ist also nicht wünschenswert.

Der Aktenanfall am OGH bzw die durchschnittlich aufgewandte Zeit wurde fragmentarisch bereits in den vorangegangenen Kapiteln angerissen. Das Evidenzbüro hat für seine Aktenbearbeitung etwa einen Tag zur Verfügung. Jedoch wird nicht jeder Akt auch stets einer Einlaufbearbeitung im Evidenzbüro[90] unterzogen. Die BerichterstatterInnen[91] haben ihrerseits ein gewisses Zeitbudget zur Verfügung: Stellt man die durchschnittlich zur Verfügung stehende allgemeine Arbeitszeit dem Aktenanfall je berichterstattendem Mitglied gegenüber, so können durchschnittlich *etwa zweieinhalb Tage pro Akt*[92] für die Entwurfserstellung investiert werden. In der Senatssitzung[93] wird jeder Fall wenige Minuten bis mehrere Stunden, allenfalls sogar in (einer) weiteren Sitzung(en) behandelt (R9); hier zeigen sich also sehr große Spielräume hinsichtlich der zeitlichen Dimension. Wurden von den Berichterstat-

---

[90] Vgl hierzu Kapitel 2.3.4.
[91] Vgl hierzu Kapitel 2.3.5.
[92] Die Berechnung basiert auf 260 Tagen (52 Wo*5; Mo-Fr) von welchen 25 Urlaubstage (Mindesturlaub nach § 72 Abs 1 RStDG, erhöht sich im Alter von 43 Jahren auf 30 Tage), 10 Feiertage (max 13) sowie 5 Tage für Krankenstand oder Fortbildung, und letztlich 12 Senatssitzungstage abgezogen werden; verbleiben bereinigte 208 Aktenbearbeitungstage pro Jahr und BerichterstatterIn.
[93] Vgl hierzu Kapitel 2.3.7 und 2.4.4.

tenden noch vertiefende Recherchen beauftragt, so wären auch diese noch zu berücksichtigen.

Die für eine qualitativ hochwertige Entscheidung notwendige Zeit variiert freilich von Akt zu Akt – nicht jeder Akt ist gleich komplex bzw kompliziert – gewiss variiert die Zeit auch hinsichtlich der zuständigen Berichterstattenden – nicht jeder oder jede ist in allen rechtlichen Materien gleich bewandert oder versiert. Auch diese Aspekte beeinflussen das nötige Zeitkontingent.

Eine weitere Dimension von Zeit als Faktor bei der Entscheidungsfindung betrifft auch die *begrenzte Aufmerksamkeitskapazität* am Sitzungstag selbst (R6). Je nach Lage der Präsentation bzw Behandlung eines Falles am Tag der Sitzung, werden die Senatsmitglieder aufmerksamer oder bereits erschöpfter, diskussionsfreudiger oder -müder sein. Dies sind weitestgehend individuell variierende Aspekte, wenngleich die Vorsitzenden die Dauer bzw Häufigkeit von Sitzungen regulieren können.

Es gibt jedenfalls auch einen gewissen zeitlich bedingten Arbeits- bzw Entscheidungsdruck am Tag der Sitzung: Es sollten bzw müssen zwischen 20 bis (im Extremfall auch) 40 oder 50 Entscheidungen[94] behandelt werden. Dies entspricht einem durchschnittlichen maximalen Entscheidungstakt[95] von etwa 10 Minuten. Bei 20 Fällen verblieben immerhin noch durchgerechnet rund 25 Minuten für Präsentation und Diskussion je Fall. Dass ein solches Zeitfenster jeweils höchste Konzentration und auch präzise Vorbereitung der Präsentation erfordert, um alle nötigen Informationen zu vermitteln und ausreichend zu diskutieren, liegt auf der Hand.

---

[94] Vgl hierzu Kapitel 2.4.4.
[95] Die Berechnung geht von einem achtstündigen Sitzungstag aus.

Je größer die Belastung der involvierten AkteurInnen (bspw durch viele schwierige Fälle bei einem bzw einer BerichterstatterIn oder in einer einzelnen Sitzung, etwa auch nach Krankenständen oder Urlauben), umso größer die Gefahr, dass die Qualität oder auch Dauer der Entscheidungsfindung darunter leidet.

Die austauschbaren RichterInnen

Ein weiteres Ideal ist jenes der *austauschbaren RichterInnen*. Damit ist die Vorstellung gemeint, dass alle Regeln des Rechtssystems *absolut objektiv richtig und widerspruchsfrei anwendbar* wären und man folglich personenunabhängig zu denselben Lösungen bzw Entscheidungen gelangen müsste. Zumindest in weiten Teilen sollte dies der Fall sein: Es müssten daher die gleichen Schlussfolgerungen getroffen und die gleichen Ergebnisse hieraus abgeleitet werden (R1, R2).

Gleiches Ideal gilt freilich auch für den OGH: Jeder Fall, welcher an die HöchstrichterInnen herangetragen wird, sollte – unabhängig von den tatsächlich entscheidenden AkteurInnen – die gleichen rechtlichen Überlegungen und auch das gleiche Ergebnis in der Entscheidung haben.

Dass diesem Ideal regelmäßig nicht ohne Weiteres oder auch gar nicht entsprochen werden kann, zeigt sich in der Praxis an vielen Stellen. So wurde bereits mehrfach in der Literatur kritisiert, dass innerhalb weniger Monate gegenläufige Entscheidungen des OGH ergingen (R6, R10[96]). Es werden administrative bzw kommunikative Maßnahmen ergriffen, um solches nach Möglichkeit zu vermeiden. Als Beispiel kann etwa die Prüfung des Evidenzbüros und Information der BerichterstatterInnen bei gleichlautenden Rechtsfragen und die Kontaktaufnahme der

---

[96] Vgl hierzu etwa die OGH-Entscheidungen zu Feststellungsbegehren bei Anlegerschäden (OGH 8 Ob 129/10v vom 20.12.2011 und OGH 1 Ob 251/11k vom 31.01.2012) oder auch im Bereich des MRG (hierzu *Hausmann*, Wieviel MRG verträgt ein Superädifikat?, wobl 2013, 101).

betroffenen BerichterstatterInnen diesbezüglich angeführt werden. Wenngleich dies nicht das Abstimmungsergebnis des einen oder anderen Senats iS einer faktischen Homogenisierung der Entscheidung vorwegnimmt, so soll die Entscheidung jedenfalls im Bewusstsein dessen getroffen werden, dass (allenfalls) ein anderer Senat eine andere Meinung vertritt und entsprechend judiziert bzw judizieren wird. Prinzipiell werden solche Divergenzen jedoch nicht geschätzt (R10), da sie die idealiter erwünschte Einheitlichkeit der Rsp torpedieren und für die betroffenen Parteien (und zwar auch die künftig Rechtssuchenden iSd Rechtssicherheit) nicht zufriedenstellend sind.

Man könnte nunmehr meinen, dass in einem solchen Fall die eine oder andere der ergangenen Entscheidungen falsch (bzw weniger richtig) sein muss; bei manchen wird dies vielleicht sogar zutreffend sein, bei anderen jedoch sind die Rechtsfragen von der Abwägung gegenläufiger (Rechts-)Interessen und daraus resultierenden Grenzziehungen abhängig. Man muss also manchen Überlegungen bzw Argumenten mehr Gewicht einräumen, um eine Lösung[97] herbeizuführen (R4, R6, R12). Auch ist denkbar, dass die Entscheidungen *nur als widersprüchlich im Diskurs wahrgenommen* werden, es bei näherer Betrachtung jedoch allenfalls gar nicht sind[98].

Die Widersprüchlichkeit zwischen Ideal und Realität zeigt sich weiters auch beim Institut der *Mehrheitsentscheidung*. Wäre ein Fall immer eindeutig zu lösen, so erübrigte sich die Notwendigkeit einer Mehrheitsentscheidung. Würden alle RichterInnen bei gleichem Sachverhalt zu dem gleichen Ergebnis gelangen, so wäre eine solche eigentlich nicht notwendig. Der Senat wäre unter dieser Annahme also vielmehr ein

---

[97] Darüber hinaus gibt es ein *non liquet* Verbot; RichterInnen dürfen eine Beantwortung nicht wegen Unlösbarkeit der Rechtsthematik ablehnen, es muss entschieden werden.

[98] Hierzu bspw OGH 7 Ob 78/06f vom 11.10.2006, OGH 1 Ob 241/06g vom 27.03.2007 und OGH 10 Ob 79/07a vom 09.10.2007 und hierzu die mediale Berichterstattung des *Standards* vom 1. April 2008: http://derstandard.at/3128269.

reines Fehlerkorrektiv hinsichtlich der Vorarbeit der BerichterstatterInnen als ein Entscheidungsfindungsgremium an sich und alle Abstimmungen müssten immer eindeutig bzw einstimmig ausgehen[99]. Freilich soll das Gremium auch Fehler in der Entscheidung verhindern helfen, vor allem aber wird im Senat die Entscheidungsbegründung diskutiert und gemeinsam (nochmals) durchdacht, die getroffenen Abwägungen überprüft und im finalen Entscheidungsvotum bestätigt. Dies bedeutet jedoch nicht, dass etwa alle RichterInnen des Senats von einer Position überzeugt werden müssen[100]. Vor diesem Hintergrund erklärt sich jedoch auch die manches Mal geübte Praxis, dass – sollte nicht der Entscheidungsentwurf des berichterstattenden Mitglieds, sondern ein stark veränderter Entwurf beschlossen werden – die Ausfertigung und Textierung von einem anderen Senatsmitglied übernommen wird. Eine gute Entscheidung soll nämlich auch von Überzeugung getragen sein (R1, R10[101]).

Prinzipiell wirkt eine Entscheidung durch den Senat *meinungsausgleichend* idS, dass verbleibende Mindermeinungen der Senatsmitglieder ausgesondert werden. Was es jedoch ebenso deutlich zeigt, ist, dass bei anderer Senatszusammensetzung eben auch ein anderes Ergebnis denkmöglich wäre[102]. Insofern können in jenen Rechtsfragen, welche dogmatisch mehrere Lösungen zulassen, freilich verstärkt andere Aspekte bei der Entscheidungsfindung eine Rolle spielen. Dies können fachliche Überzeugungen sein, allenfalls könnte sich aber auch jene Meinung

---

[99] In eine ähnliche Kerbe schlägt übrigens auch schon § 502 Abs 1 ZPO, welche eine Anrufung des OGH für zulässig erachtet, sollte die Rsp des OGH uneinheitlich sein.

[100] Abgesehen davon, dass Einstimmigkeit für eine gültige Abstimmung gar nicht notwendig ist (siehe hierzu § 12 JN).

[101] Vgl auch G. *Kodek,* Funktion und Arbeitsweise des OGH – die Binnensicht in G. *Kodek,* Zugang zum OGH (2012), Seite 105.

[102] Dies berücksichtigend, wäre eine möglichst heterogene oder auch repräsentativ für die OGH-Richterschaft gestaltete Senatszusammensetzung positiv; wohl unerwünscht wäre – überspitzt formuliert – ein „Senat der Mindermeinungen", da so der Ausgleichseffekt der Heterogenität nicht greifen könnte. Wie eine solche Gestaltung jedoch umsetzbar sein könnte, kann an dieser Stelle dahingestellt bleiben.

durchsetzen, welche mit ausdauernder Hartnäckigkeit in der Diskussion dargetan wird.

Ein weiterer Aspekt, welcher an den Idealtypus der austauschbaren RichterInnen anknüpft und die Meinung der Senatsmitglieder ein Stück weit vordefiniert, ist jener, welcher besagt, dass der OGH mit *einer Stimme* sprechen soll. Judizierte Gegenpositionen zu zuvor ergangenen Entscheidungen (anderer Senate) sind der allgemeinen Akzeptanz einer Entscheidung nicht förderlich. Teils als problematisch empfunden wird auch, wenn sich OGH-RichterInnen öffentlich kritisch zu ergangenen Entscheidungen äußern (R8).

Zu nennen ist in diesem Zusammenhang bspw auch der sich aus Doppelfunktionen allenfalls ergebende Rollenkonflikt[103] von lehrenden bzw universitär forschenden RichterInnen des OGH: Als WissenschafterIn nimmt gerade eben die kritische Auseinandersetzung mit Meinungen und Positionen im wissenschaftlichen Kontext einen überaus hohen Stellenwert ein; es gehört zur wissenschaftlichen Praxis, sich kritisch, zustimmend oder ablehnend zu äußern, eigene Argumentationen zu entwickeln und der wissenschaftlichen Community zu präsentieren. Man darf (bzw muss) die eigene, *persönliche (Einzel-)Meinung* öffentlich vertreten und kritisch andere Meinungen diskutieren; dies entspricht dem Rollenbild und -selbstverständnis der in der Wissenschaft Tätigen. Die vertretene Meinung muss eben nicht in einem Gremium wie jenem des entscheidenden OGH-Senats ausverhandelt und so gewissermaßen „geglättet" werden. Insofern ist der bzw die einzelne WissenschafterIn in der Meinungsäußerung freier und kann und sollte sich auch kritischer äußern dürfen und jedenfalls auch die eigene Meinung kommentieren[104], als dies OGH-RichterInnen nach ergangenen Entscheidungen können –

---

[103] Siehe hierzu auch G. *Kodek,* Funktion und Arbeitsweise des OGH – die Binnensicht in G. *Kodek,* Zugang zum OGH (2012), Seite 110ff; die Grenze lässt sich wohl spätestens in der Auslegung des § 58 Abs 1 und 5 RStDG ziehen.

[104] Vgl zu Geheimhaltungspflichten § 58 Abs 1 und 5 RStDG sowie auch § 20 OGHG.

auch wenn diese RichterInnen in der Senatssitzung gegen einen bestimmten Entwurf gestimmt haben (R8, R10).

Auf der anderen Seite gibt es gerade auch gesetzliche Sonderregelungen, welche eine wissenschaftliche Betätigung von RichterInnen durchaus positiv konnotieren: So besteht eine „Quereinstiegsmöglichkeit" für UniversitätsprofessorInnen[105] in das Richteramt und eine wissenschaftliche Nebenbeschäftigung kann in Ansicht von § 63 Abs 2 RStDG als prinzipiell zulässig bezeichnet werden.

Zusammengefasst kann das Ideal der austauschbaren RichterInnen in der Realität nicht erfüllt werden, wenngleich die strukturelle Beschaffenheit der Entscheidungsfindung (im Vorfeld die Zusammenarbeit zw berichterstattendem und vorsitzendem Mitglied sowie letztlich die Entscheidungsfällung durch ein fünfköpfiges Gremium) personenbezogene Einflüsse auszugleichen sucht. Und dass aus dieser Nichterfüllung unerwünschte Effekte im allgemein-externen (aber auch internen) Diskurs resultieren können, zeigen schon die Bemühungen des OGH, solche zu verhindern bzw abzufedern.

Die gerechte Entscheidung

Wenngleich *Gerechtigkeit* im gesatzten Zivilrecht, aber auch in der Rsp an sich, nicht explizit bzw mehr als diffuses Konzept[106] und nur schlagwortartig genannt ist, so gibt es (auch) in der höchstgerichtlichen Praxis durchaus eine Vorstellung von gerechten und ungerechten Ent-

---

[105] Prüfung und Praxis werden nach § 26 Abs 2 RStDG als Voraussetzung für das Richteramt erlassen.

[106] RIS-Justiz RS0008957: *„Das Gesetz anerkennt sittliche Grundsätze („allgemeine Grundsätze der Gerechtigkeit": Abs 1 KPABGB), die so allgemein anerkannt sind, daß es zu ihrer Anwendung keiner besonderen Gesetzesbestimmung bedarf („natürliche Rechtsgrundsätze": § 7 ABGB; „gute Sitten" §§ 879, 1295 Abs 2 ABGB; „Treu und Glauben" = „Übung des redlichen Verkehrs": § 914 ABGB). Diese Grundsätze durchbrechen selbst die geschriebene Norm. Sie können insb auch der Berufung auf § 1502 ABGB entgegengehalten werden."*

scheidungen. Allerdings wird oder kann *Gerechtigkeit für die Parteien* (im ethischen oder moralischen Sinne) nicht unter allen Umständen stattfinden.

Die befragten RichterInnen gaben an, dass ihnen bei der Revision von Vorentscheidungen durchaus an einer raschen, rechtsrichtigen – und idS auch gerechten – Entscheidung für die Parteien gelegen sei (R10). Gerechtigkeit als Konzept der richterlichen Praxis ist vornehmlich *die rechtsrichtige Auslegung, Anwendung und Durchsetzbarmachung der Rechtsnormen*; Parteien, welchen in diesem Verständnis Unrecht (durch fehlerhafte Entscheidungen der Vorinstanzen bzw mangelhafte Rechtsvertretung) im bisherigen Gerichtsgang geschehen ist, sollen prinzipiell spätestens am OGH (ihr) Recht bekommen (R4, R7).

Dieses Ideal zeigt sich etwa im Bemühen, etwaige Mängel im Rechtsmittel unter gegebenen Umständen auszugleichen[107]. Aber auch hier ist nur gerecht, was dem Recht bzw der Rechtsauslegung entspricht. Generell darf im Zivilrecht nicht vergessen werden, dass es – fast immer – zumindest eine Partei gibt, welche mit dem Ergebnis der Entscheidung unzufrieden sein wird.

Die rechtsfortbildende Entscheidung

Hatte das eben erläuterte Ideal der gerechten Entscheidung die Parteien eines konkreten Falles vor Augen, so ist das *Ideal der Rechtsfortbildung* auf die Allgemeinheit der Rechtsunterworfenen gerichtet. Insbesondere soll jedoch auch der wichtige *externe Dialogpartner des OGH*, das fachlich gebildete Publikum aus Lehre und Praxis, angesprochen (und auch zur Diskussion angeregt) werden. Insofern hat dieses Ideal eine betont diskursorientierte Note. In dieser diskursiven Bedeutung

---

[107] Vgl hierzu Kapitel 2.3.2.

realisiert sich auch das Ideal, Entscheidungen sollen rechtsfortbildend bzw rechtsentwickelnd[108] wirken.

Eine gute Entscheidung soll va „rechtsrichtig" sein. Aber was genau ist das? Im Prinzip ist es das, was der OGH judiziert: die Entscheidung für eine bestimmte Lösung für einen bestimmten Fall für eine bestimmte Zeit. Dies deshalb, da er in konkreten Fällen die funktionelle Deutungshoheit innehat. Und zwar gilt dies unabhängig davon, ob die Entscheidung fachlich gesehen einwandfrei war oder nicht. Der OGH schafft mit seinen Entscheidungen Tatsachen im Rechtsdiskurs.

Durch Diskurspartizipation – nämlich Veröffentlichung und Diskussion – von höchstgerichtlichen Entscheidungen findet Rechtsentwicklung im größeren Maßstab statt: Entscheidungen werden kommentiert, präferierte Meinungen verfestigen sich oder werden in Frage gestellt, und all dies wiederum wird in künftigen Gerichtsentscheidungen zitiert. Entscheidungen wirken (lang) nach. Folglich soll die Wirkung im Idealfall auch die vom OGH intendierte Wirkung sein (R4, R5); die Entscheidung soll also richtig bzw „im so gemeinten Sinne" verstanden, kommentiert werden und in der Rsp Anwendung finden. Denn Missverständnisse wirken allenfalls ebenso lang, wie eine unmissverständliche Entscheidung.

Um also überschießenden Interpretationen Dritter entgegenzuwirken, wird, um diesem Ideal bestmöglich zu entsprechen, eine möglichst klare und eindeutige Textierung in der Entscheidungsgestaltung gewählt (R3, R8). Anderenfalls dient eine Entscheidung nicht oder noch nicht der Rechtsentwicklung, da durch sie unnötige Unruhe in der Praxis ausgelöst werden kann, welche wiederum erst bei der nächsten „Entschei-

---

[108] Dies normiert bereits § 502 Abs 1 ZPO.

dungsgelegenheit" im Rahmen eines neuen Falles beseitigt werden kann. Gelingt dies nicht, könnten so Wege geebnet werden, welche gegebenenfalls nicht ganz durchdacht oder anders gemeint waren und sich hierdurch diskursive „Irrwege" auftun, welche rechtspolitisch nicht erwünscht und rechtsdogmatisch schon in leicht anders gelagerten Fällen womöglich nur schwer zu vertreten sind.

2.5.2 Die Logiken der Entscheidungsfindung

Man kann zusammenfassend festhalten, dass eine höchstgerichtliche Entscheidung *sprachlich klar* und *möglichst rasch* gefällt werden soll. Sie soll weiters *rechtsdogmatisch nachvollziehbar* und dadurch *diskursiv-anschlussfähig* gestaltet sein. Die Logiken der Entscheidungsfindung strukturieren sinnvoll die Praxis der höchstgerichtlichen Tätigkeit.

Die Ausverhandlung, (Über-)Prüfung sowie auch die Manifestation der Ideale in den Entscheidungen des Höchstgerichts finden im internen und externen diskursiven Geschehen statt. Deshalb wird die eigene Teilnahme und der eigene Diskursbeitrag des OGH (in Entscheidungen, RS, auch im medialen Auftritt und öffentliche Kommunikation nach außen) so gestaltet, dass den Qualitätserwartungen der anderen DiskursteilnehmerInnen (der bereits genannten AkteurInnen, aber auch der breiteren Öffentlichkeit, der Medien usw; R12) im Rahmen der angestrebten Ideale[109] bestmöglich entsprochen werden kann.

Gleichzeitig arbeiten die OGH-RichterInnen der Zivilsenate mit einem sehr knapp bemessenen Zeitbudget. Diese Ressourcenknappheit bestimmt durchgehend den Entscheidungsfindungsprozess mit.

Die angeführten Gegebenheiten geben auch die Strategien und Logiken der höchstgerichtlichen Tätigkeit vor. Zwei maßgebliche Logiken

---

[109] Vgl hierzu Kapitel 2.5.1 zu richterlichen Idealen bei der Entscheidungsfindung.

der Entscheidungsfindung ließen sich anhand der analysierten Daten definieren. Die *Logik der diskursiven Anschlussfähigkeit* ist insbesondere auf die Rechtsentwicklungsfunktion des OGH ausgerichtet; die *Logik der Handlungs-Ökonomisierung* bestimmt wesentlich das Finden von Entscheidungen und betrifft damit die tatsächliche Ausgestaltung des Entscheidungsfindungsprozesses. Näheres soll im Folgenden besprochen werden.

Die Logik der Handlungs-Ökonomisierung

Der Umstand des steten Zeitdrucks – der Aktenanfall am OGH ist konstant hoch und die Entscheidungen sollen rasch ergehen – bedingt, dass viele (wenn nicht sogar fast alle) Tätigkeiten sowie die interne Organisationsstruktur nach diesem ausgerichtet werden.

So erzeugt die Einrichtung von Fachsenaten eine *konzentrierte Wissensakkumulation*, welche sowohl die Diskussionskompetenz aller Senatsmitglieder hinsichtlich bestimmter Rechtsmaterien anhebt, als auch die Einarbeitungszeit in die jeweils zu lösenden (Fach-)Rechtsfragen verkürzt (R2).

Der festgelegte Aktenlauf sowie die zuarbeitenden Stellen (Evidenzbüro und Universitäten in Kooperation) sollen die BerichterstatterInnen möglichst viel bei einigen sehr zeitintensiven Arbeiten entlasten. Hierzu dienen das Memo aus der Einlaufbearbeitung mit Fristenprüfung, die Zusammenfassung des Prozessgeschehens mit einer Einschätzung der rechtlichen Lösung sowie weiters die vertiefende Recherche durch Universitätsangehörige bei bestimmten Rechtsthemen. Gleiches gilt für die Endkorrektur der beschlossenen Entscheidungen durch das Evidenzbüro.

Auch die BerichterstatterInnen planen ihr Vorgehen bei der Entscheidungsfindung entsprechend: Sie wählen vorrangig Methoden, welche eine rasche Akteneinarbeitung erlauben (Reihenfolge und selektive Auswahl der zu lesenden Akteninhalte) und gehen – je nach aktuell zur Verfügung stehendem Zeitbudget – auch unterschiedlich an die Aktenbearbeitung heran, verringern bspw die Intensität der Literatur-Recherche (R5) oder verzichten auf eine sonst präferierte Einarbeitungsmethode.

Die gegebene Zeitknappheit zeigt sich auch in der Praxis, dass der gesamte Akt im Regelfall nur zwei Senatsmitgliedern in der Entscheidungsfindung bekannt sein wird und dass sich die anderen Senatsmitglieder im Zweifel auf ihre – in dieser Hinsicht wissenderen KollegInnen – verlassen und deren Meinung anschließen werden (R2, R3, R4, R8, R10). Die berichterstattenden Mitglieder (und in geringerem Maße auch die Vorsitzenden) werden zu *ExpertInnen des Falles*. Dies bezieht sich auf die Kenntnis des Akteninhalts wie auch auf die fachliche Kompetenz hinsichtlich der zu lösenden Rechtsfrage(n). Dies bedeutet zugleich auch *Entscheiden bei strukturell bestehendem Informationsungleichgewicht.*

Um die Entscheidungsfindung sinnhaft zu rekonstruieren und zu verstehen, muss man die Kategorie Zeit unbedingt mitdenken. Die Aufgabenverteilung, Handlungsabläufe und Tätigkeiten sind in hohem Maße durch den – mal mehr, mal weniger – pressierlichen Zeitmangel determiniert.

Wissensakkumulation bildet ein Stück weit auch eine Schnittmenge mit der zweiten Logik, welche im folgenden Kapitel erläutert werden wird. Die strukturell geschaffene Konzentration von Wissen gewährleistet unter anderem auch die Anschlussfähigkeit der höchstgerichtlichen Entscheidungen, da so wohl möglichst viele und qualitativ passende

Quellen bedacht und so tragfähige Anknüpfungspunkte im Rechtsdiskurs geschaffen werden können.

Die Logik der diskursiven Anschlussfähigkeit

Nach der Logik der diskursiven Anschlussfähigkeit werden die Entscheidungsfindungs-Handlungen, insbesondere aber auch das „Produkt" der höchstgerichtlichen Tätigkeit – die Entscheidung – gestaltet. *Diskursfähigkeit* müssen auch die BerichterstatterInnen für das konkret zu lösende Rechtsproblem im Zuge der Aktenbearbeitung erst *herstellen*. Dies gilt für die Identifizierung der Ausgangsfrage, also *Was ist überhaupt zu entscheiden?* und für das Erheben des aktuellen Diskurs-Meinungsbildes hinsichtlich dieser Frage – in internen Gesprächen, Literaturrecherchen sowie Analyse der höchstgerichtlichen Judikatur *Wie ist der aktuelle Stand im Diskurs?*. Darauf aufbauend können dann die Diskussion im Senat sowie die Entscheidung selbst an den, der Veröffentlichung nachgelagerten, Diskurs anschlussfähig konzipiert und textiert werden.

Es muss also gezielt Diskurswissen akkumuliert werden, um die OGH-eigene Meinung und jene der Lehre zu kennen und so eine fundierte und möglichst umfassende Entscheidungsbasis und weiters Diskurslegitimation durch Überzeugung und Glaubwürdigkeit zu schaffen. Die daran anknüpfende *Praxis des Zitierens von Diskursinhalten* ist auch Ausdruck eines allgemeinen Moments von Diskurs. Man demonstriert Kenntnis des Diskursgeschehens und zollt damit auch den im Diskurs repräsentierten „GesprächspartnerInnen" Anerkennung, auch, wenn die OGH-RichterInnen dann deren Meinung (begründet) ablehnen. Hierin zeigt sich im Übrigen auch die starke verwandtschaftliche Beziehung zur rechtswissenschaftlichen Praxis, bei welcher stets auch der Stand der aktuellen wissenschaftlichen Diskussion bei der Behandlung eines Themas wiedergegeben werden soll (R9).

Rechtliche Beurteilungen müssen stets aufs Neue ausverhandelt werden. Und zwar auch dann, wenn die bereits herrschende Rechtsmeinung neuerlich bestätigt werden soll. Durch diese *steten Aktualisierungen* der höchstgerichtlichen Rechtsmeinungen wird auch am Rechtsdiskurs teilgenommen und darin Position bezogen und beobachtet, wie die neuerliche oder neue Positionierung von den anderen Diskursteilnehmenden aufgenommen wird.

Die Entscheidung provoziert ein Echo im Diskurs, das zustimmend oder ablehnend, oder auch beides gleichermaßen, sein kann. Klarerweise werden Entscheidungen mit weniger Neuigkeits- bzw Überraschungswert auch weniger Echo hervorrufen; Entscheidungen hingegen, welche eine gängige Rechtspraxis in Frage stellen bzw erstmals über eine solche bindend judizieren, werden freilich auch eine größere Resonanz und Diskussion im Diskurs mit sich bringen.

Die Beobachtung der anderen DiskursteilnehmerInnen bedingt grundlegend das relationale Bezugnehmen der AkteurInnen aufeinander mit. Das Publikum des OGH wird gewissermaßen zu einer Supervisionsinstanz oder auch einer weiteren Revisionsinstanz, welche allerdings keine abschließende Deutungshoheit hat.

Diese *Reziprozität* wird auch von den OGH-RichterInnen geschätzt (R3, R4, R5, R9), welche die Kommentierung aus Praxis und Lehre als wichtigen Input einerseits, aber auch als mögliches Korrektiv oder auch Feedbackinstanz der eigenen Arbeit andererseits sehen. So streicht auch *Kodek* die Bedeutung der Lehre für die Rsp idS hervor, dass „*eine Meinungsbildung im Wechselspiel von Lehre und Rsp erfolgen*"[110] soll,

---

[110] *G. Kodek,* Funktion und Arbeitsweise des OGH – die Binnensicht in *G. Kodek,* Zugang zum OGH (2012), Seite 102.

bevor ein verstärkter Senat des OGH entscheidet und sich damit für eine relativ lange Zeit festlegt.

Der *reziproke Ablauf des Diskurses* gestaltet sich also derart, dass – wie bereits in den Phasen der Entscheidungsfindung erläutert – die Suche nach der Lösung im aktuellen Rechtsdiskurs beginnt, darauf aufbaut und dermaßen geformt wird, um im Ergebnis an den Diskurs anschließen zu können. Die Entscheidung entsteht im, mit und für den Diskurs. So wird die Entscheidung analytisch aus der Meinung und aus den Wissensbeständen anderer (den kollektiv geteilten Wissensarchiven) gewonnen, destilliert sich sukzessive zur Meinung der Berichterstattenden, zur Meinung der Vorsitzenden (kongruent oder inkongruent zum jeweiligen berichterstattenden Mitglied), weiter zur Meinung der Senatsmehrheit, schließlich zur Meinung eines bestimmten Senats und letztendlich zur Position des OGH in einer bestimmten Rechtsfrage zu einer bestimmten Zeit.

Zusammenfassend ist daher zu den Logiken der höchstgerichtlichen Entscheidungsfindung folgendes festzuhalten: Die Logiken stehen in antagonistischer Beziehung oder auch Konkurrenz zueinander. Eine qualitativ höhere Diskursfähigkeit bedeutet zumeist eine längere Entscheidungsdauer; eine rasche Entscheidung wiederum wird oftmals zu Lasten der Diskursfähigkeit bzw des *Diskurspotentials* (besonders wegweisend und rechtsfortbildend, absolut klar verständlich, detailreich, fallübergreifende Bezüge herstellend usw) gehen. Um Recht weiter zu entwickeln, soll idealiter eine diskursgerechte Aufbereitung des Rechtsthemas bei gleichzeitiger Zeitsensibilität erfolgen. Die AkteurInnen der höchstgerichtlichen Entscheidungsfindung müssen diese gegensätzlichen Logiken und deren Bedeutung für das Entscheiden ausgleichen und von Fall zu Fall allenfalls neu gewichten.

3. Resümee & Ausblick

Der Prozess der Entscheidungsfindung durchläuft verschiedene Phasen unter Mitwirkung verschiedener AkteurInnen. In diesem Prozess wird unter wechselseitiger Bezugnahme Recht gesprochen und reziprok Recht (weiter)entwickelt.

Die OGH-RichterInnen benötigen für ihre Tätigkeit spezifisches Wissen – fachliches Wissen sowie (implizites) Wissen um die Beschaffenheit der (rechts-)systeminternen Strukturen und Abläufe. Dieses Wissen wird einerseits im Zuge eines *sekundären Sozialisationsprozesses* (an der Universität bzw bei der Richteramtsausbildung, bzw im Rahmen der richterlichen Tätigkeit) erworben, und erfährt andererseits im konkreten Handeln seine Umsetzung[111].

Die vorliegende Studie beschäftigte sich mit dem *operativen Wissenstypus*, welcher jenes Wissen umfasst, das in die alltäglichen richterberuflich-typischen Handlungen eingeschrieben ist. Solch internalisierte Wissensbestände sind nach *Berger/Luckmann* Ausfluss einer *Institutionalisierung von Subwelten*[112]. Die Sozialisierung und Internalisierung bedingt auch, dass alltägliche Handlungsabläufe kaum oder gar nicht bewusst[113] reflektiert werden.

Eine Strategie ist verallgemeinert *„die Konzeption einer bestimmten, gerichteten Handlungsfolge, die aus einem gedanklichen Vorwegnehmen der gegebenen Handlungsmöglichkeiten in einem bestimmten Setting und aus deren Konsequenzen resultiert. In diesem Sinne ist strategisches Handeln an Entscheidungsregeln geknüpft, die die gegebenen Hand-*

---

[111] Vgl hierzu jeweils auch die soziologischen Konzepte zu *Habitualisierung, Handlungstheorie* und *sozialem Handeln*.
[112] *Berger/Luckmann* 2004 (1966): 148.
[113] *Berger/Luckmann* 2004 (1966): 148ff.

lungsoptionen sinnvoll strukturieren. Die Handelnden versprechen sich von dieser oder jener Option, diese oder jene Konsequenzen, Vorteile oder Nachteile und treffen entsprechend eine Entscheidung für ihr jeweiliges Handeln"[114].

Wissen über das Handlungsfeld kann als notwendige Voraussetzung für strategisches, logisches Handeln verstanden werden. Jede Subwelt – und so auch die höchstgerichtliche Praxis – verfügt über ein Repertoire an strukturierenden, leitenden Logiken und eingeschriebenen Mustern, welche das Handeln sinnhaft[115] erfassbar machen. Diese sozialen Gesetzmäßigkeiten sind teils implizit in Gesetzes- und Rechtsquellen, teils nur inhärent im Handeln der AkteurInnen eingeschrieben.

Mit jeder höchstgerichtlichen Entscheidung wird auch die diskursive Landkarte aktualisiert: Bestehende Wege werden abermals beschritten und damit bestätigt, Nebenwege erschlossen und so Differenzierungen oder analoge Anwendungsfelder geschaffen. Oder aber man lässt alte Wege verschüttgehen und legt gänzliche neue an. Auf je mehr Entscheidungen ein Weg aufbaut, umso fester, tragfähiger und vielbefahrener wird dieser im Diskurs sein und über die Zeit zur einhelligen Rechtsprechung werden. Diese Wege werden allenfalls auch von der Lehre mitgeebnet. Wobei es ebenso möglich ist, dass die Lehre zur Rsp Opposition bezieht und anderen Wegen den Vorzug gibt.

Rechtssätze können in diesem Zusammenhang Klarheit schaffen, indem sie besonders wichtige Passagen von Entscheidungen hervorheben, sie reduzieren aber auch zugleich – des Begründungsflusses im Entscheidungstext beraubt – eine Entscheidung auf einen sehr kleinen Aus-

---

[114] *Haberler* 2012: 189.
[115] Vgl hierzu auch die Rolle der Experten in der Praxis bei *Bogner/Menz* 2005 (2002): 45f.

schnitt. Dieses hohe Abstraktionsniveau birgt auch einiges an Gefahr: So können wichtige Details der Begründung ausgeblendet bleiben und so in irrigem Verständnis aufgrund der verkürzt-verfälschten Form in der Rsp reproduziert werden.

Alle AkteurInnen (insbesondere jedoch jene des OGH) sollen sich im Idealfall wechselseitig ausbalancieren: Hierzu dient vor allem die Zusammenarbeit zw berichterstattendem und vorsitzendem Mitglied, deren Ergebnis wiederum von den anderen Senatsmitgliedern aus- bzw mit ihnen abgeglichen werden sollte, um eine möglichst von allen aktiv mitgetragene Entscheidung zu finden.

Auch das jeweilige Rollenverständnis der AkteurInnen sollte wohl balanciert sein: Eine rechthaberische Positionierung der Senatsmitglieder wird genauso kontraproduktiv sein, wie eine gänzlich nachgiebige. Alle EntscheiderInnen müssen eine gleichsam kritische wie offene Haltung zeigen, um eine *lebendige Diskussion* führen zu können und so Rechtssicherheit wie Rechtsfortentwicklung gewähren zu können.

Die Daten konnten auch einige kritische Momente im Entscheidungsfindungsprozess darstellen, welche gleichsam Potenzial zur Optimierung der Abläufe aufzeigen:

Entlastungsmaßnahmen könnten qualitätsfördernd wirken. Einerseits hinsichtlich des Personalquantität (mehr RichterInnen bzw Evidenzbüro-MitarbeiterInnen), andererseits böte sich auch eine Entlastung der formellen Entscheidungsphase an. So können Maßnahmen, welche die senatsinterne Entscheidungsphase zeitlich strecken – etwa durch informelle Senatstreffen vor der eigentlichen Senatssitzung – vom akuten Handlungs- bzw Entscheidungsdruck des Sitzungssettings effektiv entlasten.

Weiters könnte es für die Rechtsentwicklung und Rechtssicherheit auch einen positiven Effekt haben, wenn auch der formelle direkte Austausch mit den ParteienvertreterInnen im Rahmen einer mündlichen Verhandlung gem § 509 Abs 2 ZPO (bzw § 56 OGH-Geo 2005) gesucht wird, um der Einzelfallgerechtigkeit gegenüber der Diskursorientierung entsprechend Gewicht bei komplexeren oder richtungsändernden OGH-Entscheidungen zu geben. Da mündliche Verhandlungen entsprechend zeitintensiv sind, müssten wohl zunächst Maßnahmen zur Entspannung der ohnehin knappen Zeitressourcen getroffen werden.

Abschließend möchte ich noch *Ideen zu weiterführender Forschung* skizzieren:

Die Diskursgetriebenheit der Entscheidungsfindung stellt eine vertiefende Diskursanalyse zu höchstgerichtlicher Rsp (nach oder in Anlehnung an den Diskursforscher *Foucault*) als lohnendes Forschungsprojekt dar. Insbesondere böte sich eine Art Fallstudie unter Einbeziehung möglichst vieler AkteurInnen (auch OGH-extern) an.

Auch könnte ein Experiment zur Entscheidungsfindung (experimenteller Gruppenvergleich anhand eines fiktiven Falles) unter Mitwirkung der OGH-RichterInnen weiterführende und vertiefende Erkenntnisse zum Entscheidungsfindungsprozess liefern.

Soziologische Befunde aus empirischer Forschung geben immer auch nur einen zeitgebundenen Ausschnitt aus spezifischen Lebenswelten oder Gesellschaftsbereichen wieder. Das beforschte Feld ist fließend, in Bewegung und steter Veränderung. Manches Mal wird gerade auch durch die Durchführung einer Studie (teils bereits allein durch die Erhebungssituation) – jedoch ohne Intention – ein unmittelbarer externer Reiz bzw Impuls als Anstoß für Veränderungsprozesse in Gang gesetzt.

Die Gültigkeit der Forschungsergebnisse hat damit allenfalls eine relativ kurze Halbwertszeit und böte nicht nur hierdurch immensen Anreiz, die Befunde zur höchstgerichtlichen Tätigkeit in weiterer empirischer Forschung zu verfeinern, in angrenzende Bereiche zu erweitern, ergänzen und wiederum kritisch zu prüfen.

ANHANG

Bundesgesetz vom 19. Juni 1968 über den Obersten Gerichtshof

Aufgabenbereich und Zusammensetzung

§ 1. (1) Der Oberste Gerichtshof (Art. 92 Abs. 1 B-VG) ist das oberste Organ der ordentlichen Gerichtsbarkeit.

(2) Er besteht aus einem Präsidenten, zwei Vizepräsidenten sowie der erforderlichen Anzahl von sonstigen Mitgliedern (Senatspräsidenten und Hofräten).

Siegel

§ 2. Das Siegel des Obersten Gerichtshofes zeigt das österreichische Staatswappen mit der Umschrift "Oberster Gerichtshof der Republik Österreich".

Leitung und Dienstaufsicht

§ 3. (1) Der Präsident leitet den Obersten Gerichtshof, er übt die Dienstaufsicht über das gesamte Personal des Gerichtshofes aus und führt die anderen Justizverwaltungsgeschäfte für den Gerichtshof, soweit diese nicht auf Grund des Gesetzes durch Senate zu erledigen sind. Insbesondere nimmt er auch die ihm übertragenen dienstbehördlichen Aufgaben wahr.

(2) Der Präsident wird bei seinen Aufgaben durch die Vizepräsidenten und durch andere Mitglieder des Obersten Gerichtshofes unterstützt.

(3) Sonstige Mitglieder dürfen nur mit ihrer Zustimmung in die Geschäftseinteilung für Justizverwaltungssachen einbezogen werden.

(4) Nach Maßgabe der Vorgaben des jährlichen Stellenplans hat der Bundesminister für Justiz Richter und/oder Staatsanwälte aus dem Bereich der Justizbehörden in den Ländern dem Präsidenten des Obersten Gerichtshofes zur Wahrnehmung von Justizverwaltungsaufgaben zuzuteilen (§ 78 RDG). Unter den gleichen Voraussetzungen können für das Evidenzbüro allenfalls auch andere Bundesbedienstete mit einem abgeschlossenen rechtswissenschaftlichen Studium (Diplomstudium nach dem Bundesgesetz über das Studium der Rechtswissenschaften, BGBl. Nr. 140/1978, oder rechts- und staatswissenschaftliche Studien nach der juristischen Studien- und Staatsprüfungsordnung, StGBl. Nr. 164/1945) zugeteilt werden.

(5) Falls der Präsident verhindert ist, seinen Aufgaben nach Abs. 1 nachzukommen, oder falls die Planstelle des Präsidenten nicht besetzt ist, obliegen die Aufgaben nach Abs. 1 dem Vizepräsidenten, der über die längere Dienstzeit als Vizepräsident, bei gleichlanger Dienstzeit der über die längere für die Vorrückung in höhere Bezüge maßgebende Dienstzeit verfügt. Sind auch die Vizepräsidenten verhindert, vertreten die nach der Geschäftseinteilung für Justizverwaltungssachen hiezu berufenen Mitglieder des Obersten Gerichtshofes.

Erholungsurlaub des Präsidenten

§ 4. Der Präsident setzt die Zeit seines Erholungsurlaubes selbst fest. Er gibt den Zeitpunkt des Antrittes oder der Fortsetzung seines Erholungsurlaubes der Präsidentschaftskanzlei und dem Bundesministerium für Justiz bekannt.

Senate

§ 5. (1) Der Oberste Gerichtshof wird, soweit sich nicht aus diesem Bundesgesetz etwas anderes ergibt, in Senaten tätig. Die den Senatsvorsitzenden nach den Verfahrensvorschriften zustehenden Befugnisse, die nur den Gang der Verfahren betreffen oder der Vorbereitung von Entscheidungen dienen, bleiben davon unberührt. Über das Recht auf Akteneinsicht entscheidet der Senatsvorsitzende allein. § 89i des Gerichtsorganisationsgesetzes, RGBl. Nr. 217/1896, ist anzuwenden.

(2) Bei der Abstimmung hat der Berichterstatter seine Stimme zuerst, der Vorsitzende

seine Stimme zuletzt abzugeben. Die anderen Senatsmitglieder stimmen nach der Dienstzeit beim Obersten Gerichtshof, bei gleicher Dienstzeit nach der für die Vorrückung in höhere Bezüge maßgebenden Dienstzeit, und zwar die Älteren vor den Jüngeren ab. Die Bestimmungen über die Abstimmung in Senaten, in denen fachkundige Laienrichter mitwirken, bleiben unberührt (§ 13 Arbeits- und Sozialgerichtsgesetz, BGBl. Nr. 104/1985, und § 93 Kartellgesetz 1988, BGBl. Nr. 600).

Einfache Senate

§ 6. Soweit gesetzlich nichts anderes bestimmt ist, setzt sich ein Senat aus dem Vorsitzenden und vier weiteren Mitgliedern des Obersten Gerichtshofes, von denen einer als Berichterstatter fungiert, zusammen (einfacher Senat).

Dreiersenate

§ 7. (1) In folgenden Fällen setzt sich ein Senat aus dem Vorsitzenden und zwei weiteren Mitgliedern des Obersten Gerichtshofes zusammen (Dreiersenat):

1. Bestimmung des örtlich zuständigen Gerichtes gemäß § 28 der Jurisdiktionsnorm, RGBl. Nr. 111/1895;

2. Delegierungssachen;

3. Verweisungen gemäß § 334 Abs. 2 der Strafprozessordnung 1975;

4. Genehmigungen der Übertragung der Zuständigkeit in Pflegschaftssachen nach § 111 Abs. 2 der Jurisdiktionsnorm;

5. Bestimmung des Gerichtes nach § 9 Abs. 4 des Amtshaftungsgesetzes, BGBl. Nr. 20/1949;

6. Übertragung der Zuständigkeit in Dienstgerichts- und Disziplinarsachen gemäß den §§ 93 und 116 des Richterdienstgesetzes, BGBl. Nr. 305/1961;

7. Stellungnahmen zu Gnadengesuchen (§ 509 Z 2 der Strafprozessordnung 1975);

8. (Anm.: aufgehoben durch BGBl. I Nr. 112/2007)

9. Entscheidungen nach § 11a Abs. 3 des Arbeits- und Sozialgerichtsgesetzes, BGBl. Nr. 104/1985;

10. Behandlung von Entscheidungsanträgen, die in der Rechtsordnung nicht vorgesehen sind.

(2) In den in Abs. 1 Z 1 bis 7 genannten Fällen hat auf Verlangen nur eines Mitgliedes des Dreiersenates der einfache Senat die Entscheidung oder die Erledigung zu treffen.

Verstärkte Senate

§ 8. (1) Ein einfacher Senat ist nach Maßgabe der Geschäftsverteilung - vorbehaltlich des § 11 Abs. 2 des Arbeits- und Sozialgerichtsgesetzes - durch sechs weitere Mitglieder des Obersten Gerichtshofes zu verstärken (verstärkter Senat), wenn er nach Erstattung des Berichtes mit Beschluss ausspricht,

1. dass die Entscheidung einer Rechtsfrage von grundsätzlicher Bedeutung ein Abgehen von der ständigen Rechtsprechung des Obersten Gerichtshofes oder von der in dieser Rechtsfrage zuletzt ergangenen Entscheidung eines verstärkten Senates des Gerichtshofes bedeuten würde oder

2. dass eine zu lösende Rechtsfrage von grundsätzlicher Bedeutung in der Rechtsprechung des Obersten Gerichtshofes nicht einheitlich beantwortet worden ist.

(2) Ein Beschluss nach Abs. 1 ist in nichtöffentlicher Sitzung (§ 509 Abs. 1 der Zivilprozessordnung, RGBl. Nr. 113/1895, § 285c Abs. 1 der Strafprozessordnung 1975) zu fassen, und zwar vor einer allfälligen mündlichen Verhandlung (§ 509 Abs. 2 der Zivilprozessordnung) oder vor dem Gerichtstag zur öffentlichen Verhandlung (§ 285c Abs. 2 der Strafprozessordnung 1975). Ergibt sich die Notwendigkeit, einen solchen Beschluss zu fassen, erst im Zuge der mündlichen Verhandlung oder des Gerichtstages zur öffentlichen Verhand-

lung, so ist der Beschluss zu verkünden. Der verstärkte Senat hat die mündliche Verhandlung oder den Gerichtstag zur öffentlichen Verhandlung neu durchzuführen.

(3) Neben dem für den einfachen Senat bestimmten Berichterstatter hat im verstärkten Senat ein weiteres Mitglied den Bericht zu erstatten.

Vollversammlung

§ 9. (1) Die Mitglieder des Obersten Gerichtshofes (§ 1 Abs. 2) bilden die Vollversammlung.

(2) Der Vollversammlung obliegt die Beschlussfassung über den Tätigkeitsbericht.

(3) Die Vollversammlung ist vom Präsidenten einzuberufen.

§ 10. (1) Zur Beschlussfähigkeit der Vollversammlung ist die Anwesenheit von mindestens zwei Dritteln der Mitglieder des Obersten Gerichtshofes erforderlich.

(2) In der Vollversammlung führt der Präsident den Vorsitz. Er bestimmt einen oder mehrere Berichterstatter; diese haben den Bericht schriftlich zu erstatten und mündlich vorzutragen. Bei der Abstimmung ist § 5 Abs. 2 anzuwenden, bei Stimmengleichheit entscheidet die Stimme des Vorsitzenden.

(3) Die Sitzungen der Vollversammlung sind nicht öffentlich.

Begutachtungssenate

§ 11. Im Rahmen der Geschäftsverteilung sind Begutachtungssenate zu bilden, die sich aus dem Präsidenten und sechs weiteren Mitgliedern des Obersten Gerichtshofes zusammensetzen, die in den jeweils angesprochenen Geschäftssparten des Gerichtshofes tätig sein sollen. Aufgabe dieser Senate ist es, auf Ersuchen des Bundesministers für Justiz oder des Präsidenten des Obersten Gerichtshofes zu Gesetzes- oder Verordnungsentwürfen Gutachten abzugeben.

Tätigkeitsbericht

§ 12. Der Oberste Gerichtshof verfasst nach Schluss jedes Jahres einen Bericht über seine Tätigkeit und die hiebei gesammelten Erfahrungen und teilt diesen Bericht unter Anschluss der Geschäftsausweise dem Bundesminister für Justiz mit. Der Bericht kann darüber hinaus an den Präsidenten des Nationalrates, die Präsidenten des Verfassungsgerichtshofes und des Verwaltungsgerichtshofes, andere Bundesminister und die Landeshauptleute übermittelt werden. In den Bericht können auch Anregungen betreffend Maßnahmen der Gesetzgebung oder die Erlassung von Verordnungen aufgenommen werden.

Geschäftsverteilung

§ 13. (1) Die nach den gesetzlich festgelegten Zuständigkeiten dem Obersten Gerichtshof zufallenden gerichtlichen Geschäfte sind vom Personalsenat des Obersten Gerichtshofes für die Dauer des nächsten Jahres unter die Mitglieder des Obersten Gerichtshofes zu verteilen. Er hat Zivilsenate und Strafsenate, Senate für Dienstgerichts- und Disziplinarsachen, Begutachtungssenate und - soweit zweckmäßig - Fachsenate zu bilden. Er hat die Vorsitzenden und deren Stellvertreter, die übrigen Mitglieder, die Ersatzmitglieder und Berichterstatter der Senate zu bestimmen sowie die Reihenfolge festzulegen, in der die Stellvertreter, die Ersatzmitglieder und die Berichterstatter herangezogen werden. Jedes Mitglied des Obersten Gerichtshofes kann auch mehreren Senaten angehören. Die Verteilung ist insgesamt so vorzunehmen, dass eine möglichst gleichmäßige Auslastung der einzelnen Senatsmitglieder erreicht wird, wobei Vertretungsaufgaben oder Aufgaben der Justizverwaltung entsprechend zu berücksichtigen sind. § 26a des Gerichtsorganisationsgesetzes ist sinngemäß anzuwenden.

(2) Der Präsident und die Vizepräsidenten dürfen nur in einem solchen Ausmaß in die Geschäftsverteilung einbezogen werden,

das sie in der Wahrnehmung ihrer Justizverwaltungsaufgaben nicht beeinträchtigt.
(3) Der Präsident des Obersten Gerichtshofes hat den Entwurf der Geschäftsverteilung für das nächste Jahr vom 15. bis 30. November zur Einsicht aufzulegen (Einsichtsfrist). Jedes von der Geschäftsverteilung betroffene Mitglied des Obersten Gerichtshofes ist berechtigt, während der Einsichtsfrist schriftlich Einwendungen gegen den Entwurf zu erheben. Die Einwendungen sollen eine Begründung und einen Abänderungsantrag enthalten. Der Personalsenat hat vor dem Geschäftsverteilungsbeschluss über diese Einwendungen zu beraten.
(4) Soweit dies für den ordnungsgemäßen Geschäftsgang notwendig ist, kann der Personalsenat von Amts wegen oder auf Antrag die Geschäftsverteilung ändern, wenn Veränderungen im Personalstand der Mitglieder des Obersten Gerichtshofes eingetreten sind oder dies wegen Überlastung eines Senates oder eines einzelnen Mitglieds notwendig ist.

Evidenzbüro

§ 14. (1) Dem Evidenzbüro des Obersten Gerichtshofes obliegt die Erfassung und Aufbereitung der Entscheidungen des Obersten Gerichtshofes sowie der für den Obersten Gerichtshof allenfalls bedeutsamen Entscheidungen anderer Gerichte.
(2) Die Erfassung und Aufbereitung der Entscheidungen hat im Rahmen einer allgemein zugänglichen Datenbank (Entscheidungsdokumentation Justiz-JUDOK, § 15) zu erfolgen.
(3) Das Evidenzbüro gibt den Mitgliedern des Obersten Gerichtshofes und der Generalprokuratur die erforderliche Unterstützung bei der Sammlung der für ihre Tätigkeit erforderlichen rechtlichen Grundlagen. Den rechtskundigen Beamten des Bundesministeriums für Justiz steht das Recht auf Einsicht in sämtliche Entscheidungen des Obersten Gerichtshofes zu.
(4) Das Evidenzbüro besteht aus seinem Leiter, dessen Stellvertreter, den dem Präsidenten des Obersten Gerichtshofes aus

dem Bereich der Justizbehörden in den Ländern zugeteilten Richtern und/oder Staatsanwälten und allenfalls anderen zugeteilten Bundesbediensteten mit einem abgeschlossenen rechtswissenschaftlichem Studium (§ 3 Abs. 4).
(5) Der Leiter des Evidenzbüros und sein Stellvertreter werden vom Präsidenten des Obersten Gerichtshofes aus dem Kreis der Mitglieder des Obersten Gerichtshofes bestimmt. Die Bestellung kann vom Präsidenten des Obersten Gerichtshofes jederzeit widerrufen werden.
(6) Die Bestellung eines Mitgliedes des Obersten Gerichtshofes zum Leiter oder Stellvertreter des Leiters des Evidenzbüros bedarf seiner Zustimmung.
(7) Dem Leiter des Evidenzbüros obliegt nach Maßgabe der Vorgaben des Präsidenten die Organisation sowie die Überwachung der Tätigkeit des Evidenzbüros.
(8) Die dem Präsidenten des Obersten Gerichtshofes zugeteilten Richter und anderen rechtskundigen Bediensteten können bei Sitzungen und Verhandlungen als Schriftführer eingesetzt werden.

Entscheidungsdokumentation Justiz

§ 15. (1) Der Bundesminister für Justiz hat eine allgemein zugängliche Datenbank (Entscheidungsdokumentation Justiz) einzurichten, in die

1. Entscheidungen des Obersten Gerichtshofes (Volltexte), die sich nicht in einer begründungslosen Zurückweisung eines Rechtsmittels erschöpfen, sowie
2. nach § 14 Abs. 1 aufbereitete Entscheidungen (Rechtssätze) und andere Texte

aufzunehmen sind. In Zweifelsfällen entscheidet bei Rechtssätzen der jeweilige Senatsvorsitzende, ansonsten der Leiter des Evidenzbüros.
(2) Der erkennende Senat kann bei der Beschlussfassung in Rechtssachen, in denen das Verfahren in allen Instanzen ohne Durchführung einer öffentlichen Verhandlung zu führen war, anordnen, dass die Entscheidung (Volltext) in der Datenbank nicht zu veröffentlichen ist, wenn ansonst

die Anonymität der Betroffenen nicht sichergestellt ist.

(3) Der Bundesminister für Justiz wird ermächtigt, nach Maßgabe der technischen und personellen Möglichkeiten sowie unter Bedachtnahme auf eine einfache und sparsame Verwaltung und auf eine Sicherung vor Missbrauch durch Verordnung insbesondere festzulegen,

1. welche Übermittlungsstellen für die Abfrage einzurichten und

2. welche Bedingungen für einen sicheren Betrieb der Entscheidungsdokumentation Justiz einzuhalten sind.

(4) In der Entscheidungsdokumentation Justiz sind Namen, Anschriften und erforderlichenfalls auch sonstige Orts- und Gebietsbezeichnungen, die Rückschlüsse auf die betreffende Rechtssache zulassen, durch Buchstaben, Ziffern oder Abkürzungen so zu anonymisieren, dass die Nachvollziehbarkeit der Entscheidung nicht verloren geht.

(5) Anordnungen nach dem Abs. 4 hat der erkennende Senat bei der Beschlussfassung, bei vor dem 1. Jänner 1991 beschlossenen Entscheidungen der Präsident des Obersten Gerichtshofes zu treffen.

(6) Für die durch den Einsatz der automationsunterstützten Datenverarbeitung verursachten Schäden aus Fehlern bei der Führung der Entscheidungsdokumentation Justiz haftet der Bund. Die Haftung ist ausgeschlossen, wenn der Schaden durch ein unabwendbares Ereignis verursacht wird, das weder auf einen Fehler in der Beschaffenheit noch auf einem Versagen der Mittel der automationsunterstützten Datenverarbeitung beruht. Im Übrigen ist das Amtshaftungsgesetz anzuwenden.

Zugänglichkeit der Entscheidungen

§ 15a. (1) Die für die Entscheidungsdokumentation Justiz (§ 15) erstellten Daten sind nach Maßgabe der technischen und dokumentalistischen Möglichkeiten im Internet bereitzustellen.

(2) Nach Maßgabe der personellen und technischen Voraussetzungen ist vom Evi-

denzbüro des Obersten Gerichtshofes durch Erteilung anonymisierter Ausdrucke (§ 15 Abs. 4) gegen Kostenersatz Einsicht in die Entscheidungsdokumentation Justiz zu gewähren.

Geschäftsstelle

§ 16. (1) Die Beamten und Vertragsbediensteten der Geschäftsstelle besorgen die Kanzleigeschäfte.

(2) Die Geschäftsstelle umfaßt folgende Abteilungen und besondere Dienste:

a) den Vorsteher der Geschäftsstelle,

b) die Geschäftsabteilung des Präsidenten,

c) die Geschäftsabteilungen für die Zivil- und die Strafsenate,

d) die Geschäftsabteilungen für die Senate in Dienstgerichts- und in Disziplinarsachen sowie für die Begutachtungssenate,

e) die Geschäftsabteilung für das Evidenzbüro,

f) den Rechnungsführer oder die Zahlstelle (§ 6 Abs. 4 Bundeshaushaltsgesetz, BGBl. Nr. 213/1986),

g) die Einlaufstelle,

h) die Zustellabteilung,

i) das Aktenlager,

j) die Amtswirtschaftsstelle.

(3) Der Vorsteher der Geschäftsstelle hat nach den Weisungen des Präsidenten den gesamten Dienst in der Geschäftsstelle zu leiten und den Präsidenten in der Aufsicht über deren Bedienstete zu unterstützen.

(4) In der Geschäftsstelle sind alle Behelfe, insbesondere Register und Ausweise zu führen, die für eine einfache Kanzleigebarung, zur Bezeichnung von Akten, deren Bildung und Behandlung sowie für statistische Feststellungen erforderlich sind.

Einlaufstelle

§ 17. (1) Der Bedienstete der Einlaufstelle hat alle für den Obersten Gerichtshof bestimmten Schriftstücke und sonstigen Sendungen entgegenzunehmen, soweit nicht im folgenden Ausnahmen verfügt werden. Der Bedienstete der Einlaufstelle hat dem Überbringer auf Verlangen den Empfang zu bestätigen. Er hat die Abgabescheine für eingeschriebene Sendungen und die den Sendungen allenfalls angeschlossenen Rückscheine zu unterfertigen. Geld- und Wertgegenstände dürfen in der Einlaufstelle nicht übernommen werden.

(2) In der Einlaufstelle sind alle Schriftstücke mit dem Eingangsvermerk zu versehen, der die Bezeichnung des Gerichtes sowie Tag, Monat und Jahr des Einlangens enthält.

(3) Der Bedienstete der Einlaufstelle hat die Geschäftsstücke nach den Geschäftsabteilungen, zu deren Geschäftskreis sie gehören, zu ordnen und diesen einmal täglich zu übergeben. Als dringlich erkennbare Geschäftsstücke sind sofort der zuständigen Geschäftsabteilung zu übergeben.

(4) Die an den Präsidenten oder an das Präsidium des Obersten Gerichtshofes gerichteten Eingaben und alle Schriftstücke in Präsidialsachen hat der Leiter der Geschäftsabteilung des Präsidenten zu übernehmen und mit dem Eingangsvermerk zu versehen. Dieser Eingangsvermerk muß sich durch Form und Farbe vom Eingangsvermerk der Einlaufstelle unterscheiden.

Ausfertigungen

§ 18. (1) Die Ausfertigungen der Erledigungen hat der Leiter der Geschäftsabteilung unter dem Vermerk "Für die Richtigkeit der Ausfertigung" zu unterschreiben.

(2) Schreiben an österreichische Vertretungsbehörden im Ausland, an ausländische Vertretungsbehörden im Inland, an andere ausländische Behörden oder zwischenstaatliche Organisationen sowie internationale Gerichtshöfe hat der Vorsitzende des Senates, der die Erledigung beschlossen hat, in Justizverwaltungssachen der Präsident zu unterschreiben. Das Gerichtssiegel ist beizusetzen.

(3) Die Geschäftsabteilungen haben auch die für die Akten der ersten und zweiten Instanz, für die Parteien und Behörden erforderlichen Ausfertigungen herzustellen und der ersten Instanz im Wege der Rechts-

mittelinstanz, oder wenn es in den Verfahrensordnungen vorgesehen ist, unmittelbar zu übersenden.

Aktenaufbewahrung

§ 19. Akten sowie die händisch geführten Register und Namensverzeichnisse werden dauernd aufbewahrt. Ab dem Zeitpunkt der Umstellung auf die automationsunterstützte Registerführung sind die Verfahrensdaten auf Dauer verfügbar zu halten.

Auskunftserteilung

§ 20. In der Geschäftsstelle darf Parteien nur darüber Auskunft erteilt werden, ob und zu welcher Zeit ein Geschäftsstück eingegangen oder abgesendet und mit welchem Aktenzeichen es versehen worden ist. Der Name des Berichterstatters darf den Parteien nicht bekanntgegeben werden.

Amtsbibliothek

§ 21. Die Aufsicht über die Führung der Geschäfte der Bibliothek des Obersten Gerichtshofes (Zentralbibliothek im Justizpalast) obliegt dem Präsidenten. Er wird hiebei von einer Bibliothekskommission unterstützt, die er aus Mitgliedern des Obersten Gerichtshofes mit deren Zustimmung bestellt. Der Präsident bestellt den Leiter der Bibliothek.

Geschäftsordnung

§ 22. (1) Der Präsident hat durch Verwaltungsverordnung eine Geschäftsordnung über den inneren Geschäftsbetrieb des Obersten Gerichtshofes zu erlassen. Die Geschäftsordnung hat insbesondere zu regeln:

a) die Register, die Verzeichnisse und die sonstigen Geschäftsbehelfe, die zu führen sind, um die für die Erledigung der einzelnen Rechtssachen nötige Übersicht zu erhalten und zugleich eine Überwachung des Geschäftsganges zu sichern,

die Bezeichnung, die Form und die
b) Einrichtung der Geschäftsbehelfe und
deren laufende Kontrolle,

c) die Grundsätze der Aktenbildung,

d) die Amtswirtschaft und die Materialverrechnung,

e) die Verwaltung der Amtsbibliothek.

(2) Der Präsident hat weiters den Zugang zum Evidenzbüro (§ 14 Abs. 3), die Höhe des Kostenersatzes (§ 15a Abs. 2) sowie unter Bedachtnahme auf die technischen und wirtschaftlichen Voraussetzungen die Möglichkeiten zu regeln, Abdrucke aller Entscheidungen des Obersten Gerichtshofes oder der Entscheidungen bestimmter Sachgebiete gegen Kostenersatz laufend zu beziehen (Abonnement); diese Regelungen sind durch Anschlag beim Obersten Gerichtshof kundzumachen.

Schlußbestimmungen

§ 23. (1) Vorschriften, die mit diesem Bundesgesetz in Widerspruch stehen oder denselben Gegenstand betreffen, werden aufgehoben.

(2) Insbesondere werden aufgehoben:

1. Das Kaiserliche Patent vom 7. August 1850, RGBl. Nr. 325 (Statut des Obersten Gerichtshofes), in der Fassung des § 3 Z 5 des Gerichtsorganisationsgesetzes 1945, StGBl. Nr. 47,

2. § 70 zweiter Satz des Kaiserlichen Patentes vom 3. Mai 1853, RGBl. Nr. 81 (Gerichtsinstruktion),

3. die Kaiserliche Entschließung vom 3. Oktober 1854, betreffend die Einführung eines Judikatenbuches,

4. die mit Kaiserlicher Entschließung vom 7. August 1872 genehmigte Instruktion zur Führung eines Spruchrepertoriums und des Judikatenbuches in Zivilsachen,

5. die den Obersten Gerichtshof betreffenden Bestimmungen des Gesetzes vom 24. Februar 1907, RGBl. Nr. 41, über die Ausübung der Gerichtsbarkeit bei den Oberlandesgerichten und beim Obersten

Gerichts- und Kassationshof,

das Gesetz vom 25. Jänner 1919, StGBl. Nr. 41, betreffend die Errichtung eines
6. Obersten Gerichtshofes, in der Fassung des § 3 Z 4 des Gerichtsorganisationsgesetzes 1945.

(3) Durch die Bestimmungen dieses Bundesgesetzes werden Rechtsvorschriften, auf Grund deren Auszüge von Entscheidungen laufend einer Stelle abgegeben werden, nicht berührt.

(4) Die in diesem Bundesgesetz verwendeten personenbezogenen Ausdrücke umfassen Frauen und Männer gleichermaßen.

(5) Soweit in diesem Gesetz auf Bundesgesetze verwiesen wird, sind diese in der jeweils geltenden Fassung anzuwenden.

Inkrafttreten

§ 24. (1) Dieses Bundesgesetz tritt mit dem 1. Jänner 1969 in Kraft.

(2) Durchführungsverordnungen können von dem der Kundmachung dieses Bundesgesetzes folgenden Tag an erlassen werden. Sie treten frühestens mit diesem Bundesgesetz in Kraft.

(3) Der Personalsenat des Obersten Gerichtshofes hat bei der Beschlußfassung über die ab 1. Jänner 1969 wirksame Geschäftsverteilung auf die Bestimmungen dieses Bundesgesetzes Bedacht zu nehmen.

(4) Die §§ 1, 3, 5 bis 15a, 16 Abs. 2 lit. f, 18 Abs. 2 und 3, 19, 21 zweiter Satz, 22 Abs. 2 sowie 23 Abs. 4 und 5 in der Fassung des Bundesgesetzes BGBl. I Nr. 95/2001 treten mit 1. September 2001 in Kraft. Soweit diese Bestimmungen die Geschäftsverteilung betreffen, sind sie erstmals auf die Geschäftsverteilung für das Jahr 2002 anzuwenden.

Vollziehung

§ 25. Mit der Vollziehung dieses Bundesgesetzes ist der Bundesminister für Justiz betraut.

**Richter- und Staatsanwaltschaftsdienst-
gesetz (RStDG)**

Richteramtsprüfung

§ 16. (1) Durch die Richteramtsprüfung sollen die für den Gerichtsdienst nötigen theoretischen und praktischen Kenntnisse und die Fähigkeit des Kandidaten zur gewandten und richtigen rechtlichen Beurteilung und Entscheidung von Zivil- und von Straffällen nachgewiesen werden.

(2) Die Richteramtsprüfung ist schriftlich und mündlich abzulegen. Sie hat mit der schriftlichen Prüfung zu beginnen.

(3) Gegenstand der schriftlichen Prüfung sind zwei an Hand von Gerichtsakten unter Aufsicht zu verfassende Klausurarbeiten über je ein Thema aus dem Zivilrecht und dem Strafrecht. Diese Arbeiten sind an zwei verschiedenen Tagen innerhalb eines Zeitraumes von längstens je zehn Stunden anzufertigen. Dem Kandidaten ist die Benützung der Gesetzesausgaben und der literarischen Behelfe gestattet; ausgenommen sind Sammlungen von Musterbeispielen und Formularbücher.

(4) Folgende Gebiete der österreichischen Rechtsordnung – hinsichtlich der Z 1 bis 8 unter Berücksichtigung bestehender europarechtlicher und internationaler Bezüge – sind insbesondere in ihrer praktischen Anwendung durch die Gerichte Gegenstände der mündlichen Prüfung:

1. bürgerliches Recht einschließlich des Internationalen Privatrechts sowie das Arbeits- und Sozialrecht;

2. Unternehmensrecht einschließlich des Wechsel- und Scheckrechts, des Immaterialgüterrechts sowie des gewerblichen Rechtsschutzes;

3. Zivilverfahrensrecht einschließlich des Außerstreitverfahrens-, Exekutions-, Insolvenz- und Anfechtungsrechts;

4. Strafrecht und Strafverfahrensrecht einschließlich des Strafvollzugsrechts sowie der Grundzüge der Kriminologie;

5. Verfassung und innere Einrichtung der Gerichte einschließlich der wichtigsten Bestimmungen der Geschäftsordnung für die Gerichte I. und II. Instanz;

6. Verfassungsrecht, die Grund- und Menschenrechte einschließlich des Gleichbehandlungs- und Antidiskriminierungsrechts, die Verfassungs- und die Verwaltungsgerichtsbarkeit sowie die Grundzüge des Verwaltungs- und des Finanzrechts;

7. Dienstrecht der Richter und Staatsanwälte unter Berücksichtigung der Grundzüge des Dienstrechts der anderen Bundesbediensteten;

8. Verfahrensleitung und Verhandlungsführung durch den Richter einschließlich des adäquaten Umgangs mit besonderen Verhandlungssituationen, die Gestaltung richterlicher Entscheidungen und Verfügungen, die Besorgung der Aufgaben der Staatsanwaltschaft, die Zusammenarbeit und Koordination zwischen Justiz- und Exekutivorganen sowie Opferschutzeinrichtungen und Interventionsstellen sowie die Gewaltprävention und das Gewaltschutzrecht;

9. Grundzüge des materiellen und formellen Europarechts, insbesondere Vorabentscheidungsverfahren.

(5) Die mündliche Prüfung ist nicht öffentlich und soll mindestens zwei Stunden dauern. Die gleichzeitige Vornahme der Prüfung ist nur mit zwei Kandidaten zulässig; in diesem Falle soll die Prüfung mindestens drei Stunden dauern.

<u>AUSZUG</u> aus der

Geschäftsordnung des Obersten Gerichtshofes 2005 (OGH-Geo. 2005)

Auf Grund des § 22 des Bundesgesetzes über den Obersten Gerichtshof (OGHG), BGBl. Nr. 328/1968, zuletzt geändert durch das Bundesgesetz BGBl. I Nr. 95/2001, wird verordnet:

Artikel I

I. Abschnitt:

Allgemeine Bestimmungen

§ 1 Grundsätze des Dienstes und der Diensteinteilung

(1) Der innere Geschäftsbetrieb des Obersten Gerichtshofes steht unter der Leitung des Präsidenten, der hiebei von den Vizepräsidenten und den sonstigen mit Justizverwaltungsangelegenheiten betrauten Mitgliedern des Obersten Gerichtshofes unterstützt wird (§ 3 OGHG). Der Vorsteher der Geschäftsstelle hat nach den Weisungen des Präsidenten und der von ihm ermächtigten übrigen Präsidiumsmitglieder die Dienstaufsicht über die Geschäftsstelle und sämtliche nichtrichterlichen Bediensteten zu führen (§ 16 OGHG).

(2) Der Präsident hat den Aufgabenbereich der in der Justizverwaltung tätigen Personen in einer allen Mitgliedern des Obersten Gerichtshofes, den zugeteilten Richtern und den sonstigen Bediensteten zuzustellenden Geschäftseinteilung festzulegen und jederzeit nach den jeweiligen Diensterfordernissen abzuändern und zu ergänzen. In dieser Geschäftseinteilung sind vor allem auch jene Mitglieder des Obersten Gerichtshofes namentlich und in der Reihenfolge anzuführen, in der sie bei Verhinderung sowohl des Präsidenten als auch der Vizepräsidenten die Vertretung des Behördenleiters wahrzunehmen haben.

(3) Den Aufgabenbereich der dem Evidenzbüro zugeteilten Richter/Staatsanwälte und sonstigen Bediensteten legt der Leiter des Evidenzbüros im Einvernehmen mit seinem Stellvertreter (§ 14 Abs. 4 bis 6 OGHG) nach den jeweiligen Erfordernissen fest.

(4) Hat der Präsident aus dem Kreis der dem Obersten Gerichtshof zur Wahrnehmung von Justizverwaltungsaufgaben zugeteilten Richter/Staatsanwälte und anderen Bediensteten (§ 3 Abs. 4 OGHG) einen Präsidialsekretär bestellt, so hat dieser jedenfalls die Erledigung der Präsidialakten vorzubereiten und bei Sitzungen der Personalsenate, der Begutachtungssenate und in der Vollversammlung (§ 9 OGHG) den Schriftführerdienst zu versehen.

(5) Soweit diese Verordnung keine besonderen Regelungen enthält, sind die Bestimmungen der Geschäftsordnung für die Gerichte I. und II. Instanz (Geo.), BGBl. Nr. 264/1951 in der jeweils geltenden Fassung, sinngemäß anzuwenden.

§ 2 Berichte

(1) Sämtliche mit Justizverwaltungsagenden betrauten Mitglieder und Bediensteten des Obersten Gerichtshofes haben - abgesehen von im folgenden angeführten periodischen Berichten - dem Präsidenten über besondere, ihren Aufgabenbereich betreffende Vorkommnisse unverzüglich zu berichten.

(2) Auch den zu Mediensprechern bestellten Mitgliedern des Gremiums sind die für ihre Tätigkeit erforderlichen Auskünfte zu erteilen.

§ 3 Verteilerlisten

(1) Zwecks genereller Verständigungen und Durchführung von Umläufen bei den Mitgliedern des Obersten Gerichtshofes und den dem Evidenzbüro zugeteilten Richtern/Staatsanwälten und anderen Bedienste-

ten (§ 3 Abs. 4 OGHG) ist alljährlich zum 1. Jänner vom Vorsteher der Geschäftsstelle eine vom Präsidenten zu genehmigende Verteilerliste aufzustellen. Die Reihung ist unter Zugrundelegung der Grundsätze des § 33 Abs. 2, zweiter Satz RStDG und auch bei den Zugeteilten nach dem Zeitpunkt ihrer Zuteilung zum Evidenzbüro vorzunehmen.

(2) Auch für die Verständigung der nichtrichterlichen Bediensteten ist alljährlich am 1. Jänner eine derartige Liste vom Vorsteher der Geschäftsstelle zu erstellen.

(3) Die Listen nach Abs. 1 und 2 sind in der Präsidialkanzlei in Evidenz zu halten und im Bedarfsfall jederzeit zu berichtigen.

§ 4 Kennzahlen

(1) Zur Erleichterung der Registerführung u.dgl. sind allen Mitgliedern des Obersten Gerichtshofes Kennzahlen zuzuweisen. Sie sind alljährlich zum 1. Jänner vom Vorsteher der Geschäftsstelle in einer Liste, die bei personellen Veränderungen während des Jahres unverzüglich zu berichtigen ist, festzuhalten; Abschriften dieser Liste sind in der Präsidialkanzlei und in den einzelnen Geschäftsabteilungen zu hinterlegen. Nach dem Ausscheiden eines Mitgliedes des Obersten Gerichtshofes aus dem aktiven Dienst darf seine Kennzahl erst nach Ablauf von drei Jahren wieder vergeben werden.

(2) Die Bestimmungen des Abs. 1 sind für die dem Evidenzbüro zugeteilten Richter/Staatsanwälte und übrigen Bediensteten sinngemäß anzuwenden. Die Erstellung der diesbezüglichen Liste obliegt dem Leiter des Evidenzbüros.

§ 5 Übersicht in den Räumen des Obersten Gerichtshofes

(1) In der Nähe der Geschäftsabteilungen ist eine Tafel für den Anschlag wichtiger Verlautbarungen anzubringen. Auf dieser sind die jeweils gültige Geschäftsvertei-lungsübersicht mit allen während des Jahres beschlossenen Änderungen und eine Übersicht über die ausgeschriebenen öffentlichen Verhandlungen (Gerichtstage) anzuschlagen.

(2) Die dem Obersten Gerichtshof zur Verfügung stehenden Amtsräume sind mit der Aufschrift ihrer Bestimmung zu versehen. An den Türen der Amtszimmer sind die Namen der dort untergebrachten Richter und Bediensteten, an den Türen der Einlaufstelle, der Geschäftsabteilungen und der Amtsbibliothek auch die Stunden, die für den Parteienverkehr bestimmt sind, anzugeben.

§ 6 Dienstzeit; Parteienverkehr

(1) Die regelmäßige Wochendienstzeit der nichtrichterlichen Bediensteten von 40 Stunden wird wie folgt aufgeteilt (Normaldienstplan): Montag bis Freitag von 70:3 bis 15:30 Uhr.

(2) Abweichungen vom Normaldienstplan können mit besonderer Dienstanweisung verfügt werden. Bei Inanspruchnahme der Gleitzeit gelten die jeweils erlassmäßig angeordneten Regelungen.

(3) Dringende Geschäfte sind auch außerhalb der Dienstzeit zu erledigen.

(4) Für den Parteienverkehr in den Geschäftsabteilungen wird die Zeit von 8:00 bis 12:00 Uhr bestimmt, für die Einlaufstelle und für die Amtsbibliothek von 7:30 bis 15:30 Uhr.

II. Abschnitt

Übernahme der für den Obersten Gerichtshof bestimmten Sendungen

§ 7 Einlaufstelle; Weiterleitung von Sendungen

(1) Der Dienst in der Einlaufstelle (§ 17 OGHG) ist durch Einlaufkästen bei den

Haupteingängen des Justizpalastes zu unterstützen; sie können auch gemeinsam mit den anderen hier untergebrachten Dienststellen geführt werden. Für ihre Leerung gelten die einschlägigen Bestimmungen der Geschäftsordnung für die Gerichte I. und II. Instanz (Geo.), wobei das Einvernehmen mit den anderen im Justizpalast untergebrachten Dienststellen herzustellen ist.

(2) In der Einlaufstelle ist der Text des § 17 OGHG, der für die Übernahme der Sendungen maßgebend ist, gut sichtbar anzuschlagen.

(3) Ist es nicht mehr möglich, eine Sendung noch am Einlauftag der zuständigen Geschäftsabteilung zu übergeben, so hat deren Leiter die Zeit der Übernahme neben dem Eingangsvermerk besonders zu verzeichnen.

(4) Wenn der Tag, an dem eine Eingabe zur Post gegeben wurde, von Bedeutung sein (z. B. Wahrung einer Frist) und dieses Datum aus dem Postaufgabestempel verlässlich festgestellt werden kann, hat der Leiter der zuständigen Geschäftsabteilung das Datum neben dem Eingangsvermerk besonders festzuhalten und diesem Vermerk sein Namenszeichen beizusetzen. In solchen Fällen ist der Briefumschlag zu vernichten, wenn die Anschrift des Absenders aus der Eingabe selbst ersichtlich ist.

(5) Bei den im Wege der Telekopie übermittelten Eingaben (Telefax), bei denen das Eingangsdatum von Bedeutung sein könnte, ist der Zeitpunkt des Eingangs anhand des Protokolls des Telefaxgerätes festzustellen und neben dem Eingangsvermerk besonders festzuhalten.

(6) Für elektronische Eingaben gelten die Bestimmungen der §§ 89a ff GOG.

(7) Beim Eingang mehrbändiger Akten ist neben dem Eingangsvermerk auch die Zahl der Aktenbände sowie der Vor- und Beiakten zu vermerken.

III. Abschnitt:

Vorschriften für die Register und Geschäftsbehelfe

A. Allgemeine Bestimmungen

[§§ 8 bis 17]

B. Besondere Bestimmungen

[§§ 18 bis 38]

IV. Abschnitt:

Aktenvorschriften

§ 39 Aktenbildung

(1) Protokolle, Berichte, Aktenvermerke, Urschriften von Entscheidungen u. dgl. sollen auf Bögen oder Blättern im amtlich eingeführten Papierausmaß verfasst werden. Die Rückseite von Zustellausweisen darf nicht beschrieben werden.

(2) Alle Geschäftsstücke (Eingaben, Zuschriften, Protokolle, Berichte, Entscheidungsurschriften, Zustellausweise u. dgl.), die dieselbe Sache betreffen, sind unter einer gemeinsamen Bezeichnung, dem Aktenzeichen (§ 40 Abs. 1 und 2), als Akt zu vereinigen.

(3) Der Aktenumschlag und jedes Geschäftsstück sind mit dem Aktenzeichen, der Aktenumschlag in Ob-Sachen überdies seinem Gegenstand entsprechend mit der Abkürzung „oF" (ordentliche Fachsache), „aoF" (außerordentliche Fachsache), „oA" (ordentliche allgemeine Rechtssache) oder „aoA" (außerordentliche allgemeine Rechtssache) zu versehen.

(4) Jeder Akt erhält mit seinem Anfall einen Aktenumschlag (OGH Geo-Form Nr. 21), in Nc-, Fsc-, Fss- und Ns-Sachen jedoch nur, wenn es der Umfang des Aktes erfordert. Im Aktenumschlag sind die zu der An-

gelegenheit gehörigen Geschäftsstücke in der Regel lose aufzubewahren.

(5) Sachen, die besonderer Beschleunigung bedürfen, sind mit Farbstift oder Stampiglie auf dem Aktenumschlag oder auf dem vorzulegenden Geschäftsstück mit dem Vermerk „Eilt", einstweilige Verfügungen mit dem Vermerk „EV", Haft- und Anhaltungssachen mit dem Vermerk „HAFT" zu bezeichnen.

§ 40 Aktenzeichen und Geschäftszahl

(1) Das Aktenzeichen besteht aus dem Gattungszeichen, der Aktenzahl, den beiden letzten Ziffern des Anfalljahres sowie in den IT-gestützt geführten Registerfällen aus einem Prüfzeichen. Werden gleichartige Sachen in mehreren Senatsabteilungen geführt, so wird dem Gattungszeichen die Senatszahl vorangestellt, z. B.: 3 Ob 127/01i; 1 Nc 20/04p; 11 Os 93/05k.

(2) Bei den Personalakten besteht das Aktenzeichen aus dem Gattungszeichen, der Kennziffer „1" für Richter, „2" für Beamte, „3" für Vertragsbedienstete und „4" für Pensionisten, dem Anfangsbuchstaben des Familiennamens und der fortlaufenden Zahl des Personalaktenregisters (z. B.: Pers 1 - F - 10).

(3) Als Gattungszeichen dient bei Sachen, die in ein Register einzutragen sind, die abgekürzte Bezeichnung des Registers.

(4) Aktenzahl ist die Zahl, unter der die Sache gemäß § 9 in das Register eingetragen wurde. Aus dem Aktenzeichen entsteht durch Beifügung der Ordnungsnummer die Geschäftszahl, z. B.: 3 Ob 76/01p–5; 11 Os 92/05m–10.

§ 41 Ordnungsnummer und Aktenübersichten

(1) Soweit es aus Gründen der Übersichtlichkeit erforderlich ist, erhalten die Geschäftsstücke fortlaufende Ordnungsnummern, die in jeder Sache mit „1" beginnen und ohne Rücksicht auf das Jahresende fortlaufen.

(2) Über besondere Anordnung des Senatsvorsitzenden sind Aktenübersichten zu führen.

§ 42 Zustellwesen

(1) Die Zustellausweise sind der Urschrift der Erledigung beizuheften oder beizukleben, allenfalls als besonderes Heft oder unter besonderen Umschlägen dem Akt anzuschließen (Zustellheft).

(2) Zustellausweise, die für das weitere Verfahren bedeutungslos sind (z. B. Ladungen, denen entsprochen wurde), können vernichtet werden.

(3) Zustellungen seiner Entscheidungen in Zivil- und Strafsachen (ausgenommen § 291 StPO) kann der Oberste Gerichtshof direkt und unmittelbar durchführen, wenn dies rasch und einfach (insbesondere im Wege des elektronischen Rechtsverkehrs nach der ERV 2006) möglich ist. Entscheidungen über Anträge nach § 54 Abs 2 ASGG sind den Parteien vom Obersten Gerichtshof stets unmittelbar zuzustellen. Anträge der Generalprokuratur nach den §§ 23 Abs. 1 und Abs. 1a, 362 Abs. 1 Z. 2, § 363a Abs. 2 StPO und Stellungnahmen der Generalprokuratur zu Nichtigkeitsbeschwerden, Grundrechtsbeschwerden und sonstigen Beschwerden sowie zu Anträgen gemäß § 363a Abs. 2 StPO sind bei der Rückstellung des Aktes an das Gericht erster Instanz anzuschließen. Die Zustellausweise für Zustellungen nach dem ersten Satz sind einer Ausfertigung beizuheften und die Akten nach Vorliegen der entsprechenden Zustellausweise an das jeweilige unterinstanzliche Gericht rückzuleiten. Über die bereits erfolgten Zustellungen und allenfalls aufgetretene Zustellanstände sind die Vorinstanzen durch einen von der Geschäftsabteilung des Obersten Gerichtshofes auszufüllenden und seinen Entschei-

118

dungsausfertigungen anzuschließenden Vermerk in den Akten zu informieren.

(4) Mitteilungen, dass einem Revisions- oder Revisionsrekursgegner die Beantwortung der außerordentlichen Revision oder des außerordentlichen Revisionsrekurses freigestellt wird (§ 507a Abs. 2 Z. 3, § 528 Abs. 3 ZPO; § 68 AußStrG), sind den Parteien vom Obersten Gerichtshof ebenfalls unmittelbar zuzustellen.

(5) Ordnet der Oberste Gerichtshof eine Delegierung gemäß § 39 StPO an, so sind die Akten dem Gericht, dem die Strafsache zugewiesen wurde, unmittelbar zu übersenden. Eine Ausfertigung der Entscheidung ist dem abtretenden Gericht zu übermitteln. Dies gilt sinngemäß auch für Delegierungen nach § 25 DSt.

§ 43 Beilagen und Protokolle

(1) Auf Beilagen und auf Beratungsprotokollen ist das Aktenzeichen, gegebenenfalls (§ 41 Abs. 1) die Geschäftszahl des Geschäftsstückes, zu dem sie gehören, ersichtlich zu machen (z. B. „zu 1 Ob 129/01z-5"). Sie können dem Akt in einem Umschlag angeschlossen werden.

(2) Die von der Generalprokuratur, vom Kläger, Antragsteller usw. vorgelegten Beilagen sind mit lateinischen Großbuchstaben, die vom Gegner vorgelegten Beilagen mit arabischen Ziffern, die von dritter Seite vorgelegten Beilagen mit römischen Ziffern, und zwar nur mit Bleistift, zu bezeichnen. In Verfahren nach dem KartG 2005 ist in sinngemäßer Anwendung des Erlasses des Bundesministeriums für Justiz vom 6. Dezember 1988 JABl Nr. 5/1989, Abschnitt III Ziffer 7, vorzugehen. In den beim Obersten Gerichtshof verfassten Protokollen und sonstigen Geschäftsstücken soll die Bezeichnung der Beilagen am Rande ausgeworfen werden.

(3) Führt der Oberste Gerichtshof eine mündliche Revisionsverhandlung durch, so

geht die Urschrift des Verhandlungsprotokolls mit den Streitakten an das Vorlagegericht zurück; im Akt des Obersten Gerichtshofes ist eine Gleichschrift des Protokolls vor der Urschrift der Entscheidung einzuordnen.

§ 44 Ausscheidung von Aktenstücken

Wird ein Geschäftsstück oder eine Beilage dem Akt wieder entnommen, so ist an der Stelle, an der das Geschäftsstück eingereiht oder die Vorlage der Beilage vermerkt worden war, ersichtlich zu machen, an welchem Tag das Stück entnommen und wohin es gegeben wurde. Ein solcher Vermerk kann durch eine knappe Bestätigung des Empfängers, dem ein Stück ausgefolgt wurde, ersetzt werden. In der Regel ist vom entnommenen Stück eine Kopie herzustellen und im Akt zu behalten. Wird eine Aktenübersicht (§ 41 Abs. 2) geführt, so ist die Ausscheidung, allenfalls auch die Einordnung der Kopie, darin zu vermerken.

§ 45 Fortführung eines Aktes unter geändertem Aktenzeichen

Wird eine Sache, ohne dass ein neuer Akt für sie angelegt wird, bei demselben oder einem anderen Senat unter einem anderen Aktenzeichen fortgesetzt oder in ein anderes Register übertragen, so ist das frühere Aktenzeichen durchzustreichen und das neue Aktenzeichen daneben oder darunter zu setzen. Die Geschäftszahl für die neu hinzugekommenen Aktenstücke ist nach dem neuen Aktenzeichen zu bilden, doch läuft die Reihe der Ordnungsnummern und Seitenzahlen gegebenenfalls (§ 41) fort. Ist eine Aktenübersicht angelegt, so ist die Änderung des Aktenzeichens vor der Eintragung des ersten Geschäftsstückes mit dem neuen Aktenzeichen ersichtlich zu machen (z. B. „fortgesetzt als 5 Ob 73/01k").

§ 46 Präsidialakten

(1) In Präsidialsachen werden die Geschäftsstücke mit Geschäftszahlen bezeichnet, die wie folgt aufgebaut werden:

1. als Erstes steht die Geschäftsabteilung;

2. danach folgt die Gattungsbezeichnung ‚Präs';

3. danach folgt die vierstellige Untergruppenzahl entsprechend dem Aktenplan (§ 16 Abs. 1);

4. danach folgt – getrennt durch einen Bindestrich – die laufende, vom System fortlaufend vergebene Aktenzahl;

5. danach folgen nach einem Schrägstrich die beiden letzten Ziffern der Jahreszahl;

6. zuletzt folgt das Prüfzeichen (z. B.: 1 Präs 4811-2040/08y).

(2) Die Eintragung des Geschäftsstückes im Register „Präs" erfolgt nach der aus dem ‚Aktenplan' (§ 16 Abs. 1) ersichtlichen Untergruppe, und zwar so, dass nur eine einzige Eintragung nötig und zugleich die Wiederauffindbarkeit des Geschäftsstückes gesichert ist.

(3) Wird die Gegenstandsbezeichnung eines Geschäftsstückes während der Bearbeitung geändert, so hat der Bearbeiter der Geschäftsabteilung eine entsprechende Berichtigung der Eintragung aufzutragen.

(4) Werden mehrere Geschäftsstücke bei der Erledigung zu einem Aktenstück zusammengefasst, so hat die Erledigung unter der niedrigsten vom System vergebenen Aktenzahl der in Betracht kommenden Geschäftsstücke zu erfolgen. Die Zahlen der übrigen miterledigten Geschäftsstücke sind auf dem sie erledigenden Geschäftsstück und im Register „Präs" als „miterledigt unter . . ." zu bezeichnen.

§ 47 Personalakten

(1) Alle Geschäftsstücke, die einen der beim Obersten Gerichtshof tätigen Richter, Richteramtsanwärter, Beamten oder Vertragsbediensteten betreffen, sind zu einem Akt zu vereinigen (Pers-Akt).

(2) Damit die Personalakten alles auf eine Person Bezügliche enthalten, sind sie durch Abschriften aus anderen oder Verweisungen auf andere Akten, allenfalls auch durch Amtsvermerke rückstandsfrei zu ergänzen.

(3) Ein Bewerbungsgesuch erhält das Aktenzeichen des Personalaktes; dieser selbst ist im Sinne des Abs. 2 zu ergänzen. Die Verfügung des Präsidenten bezüglich seiner Eignungsäußerung ist im Akt unter Verschluss zu halten.

(4) Aktenstücke, die sich auf Ablehnungsanträge, Aufsichtsbeschwerden, Disziplinar- und Dienstgerichtsverfahren oder auf die Entscheidung hierüber beziehen, sind nur über besondere Anordnung im Sinne des Abs. 2 zu berücksichtigen.

(5) Im Falle der Versetzung ist der Personalakt der neuen Dienstbehörde abzutreten.

(6) Die Personalakten sind vertraulich zu behandeln und unter Verschluss aufzubewahren.

§ 48 Prüfungsakten

Zivil- und Strafakten, die sich nach Inhalt und Umfang für die schriftliche Richteramtsprüfung (§ 16 RStDG) eignen, sollen vom Senatsvorsitzenden im Einvernehmen mit dem Berichterstatter zu „Prüfungsakten" erklärt und mit Farbstift (Stampiglie) gekennzeichnet werden. Diese Anordnung ist im Zustellblatt (§ 60 Abs. 9) ersichtlich zu machen. Ausfertigungen derartiger Entscheidungen des Obersten Gerichtshofes sind dem Präsidium jenes Oberlandesgerichtes zu übersenden, aus dessen Sprengel die Entscheidungen der Unterinstanzen stammen.

V. Abschnitt:

[§§ 49 und 50]

VI. Abschnitt:

Vorschriften für die regelmäßige Berichterstattung

[§ 51]

VII. Abschnitt:

Erledigung der Geschäftsstücke

§ 52 Einlauf in Präsidialsachen

Die in der Geschäftsabteilung des Präsidenten einlangenden Geschäftsstücke sind in das Register „Präs" einzutragen, mit der Geschäftszahl zu versehen und unter Anschluss der einschlägigen Vorakten dem Präsidenten unter Beachtung der Bestimmungen des § 1 Abs. 4 vorzulegen.

§ 53 Einlauf in Zivilsachen

(1) Die in der Geschäftsabteilung für die Zivilsenate einlangenden Geschäftsstücke sind in die entsprechenden Register (§ 12) einzutragen und mit dem Aktenzeichen, allenfalls mit der Geschäftszahl zu versehen.

(2) Nach Durchsicht der Namensverzeichnisse (§ 35) ist im Akt in der Regel ein Vermerk anzubringen, ob und bejahendenfalls welche Sache, an der einer der Beteiligten teilnimmt bzw. teilgenommen hat, anhängig ist bzw. innerhalb der letzten drei Jahre anhängig war. Vorakten sind erforderlichenfalls anzuschließen; im Zweifel ist ein richterlicher Auftrag einzuholen.

(3) Ob- und Ok-Akten sind zunächst dem Evidenzbüro, das sie nach ihrer Bearbeitung dem nach der Geschäftsverteilung bestimmten Berichterstatter vorzulegen hat, zuzuleiten.

(4) Nc-, Fsc- und Fss-Akten sind dem nach der Geschäftsverteilung bestimmten Berichterstatter unmittelbar vorzulegen.

(5) Der Berichterstatter übermittelt Ob-Akten mit schriftlichem Erledigungsentwurf vor der Sitzung dem Senatsvorsitzenden, soweit dieser nicht etwas anderes anordnet. Zur Erledigung im Dreiersenat (§ 7 OGHG) bestimmte Stücke sind mit dem Entwurf der Erledigung vor der Vorlage an den Senatsvorsitzenden vom Berichterstatter dem weiteren Senatsmitglied zuzuleiten.

§ 54 Einlauf in Strafsachen

(1) Die in der Geschäftsabteilung für die Strafsenate einlangenden Geschäftsstücke sind in die entsprechenden Register einzutragen und mit der Geschäftszahl zu versehen.

2) Nach Durchsicht der Namensverzeichnisse (§ 35) ist im Akt ein Vermerk anzubringen, ob und bejahendenfalls welche Sache, an der einer der Beteiligten teilnimmt bzw. teilgenommen hat, anhängig ist bzw. innerhalb der letzten drei Jahre anhängig war, und der Akt gegebenenfalls unter Anschluss der Vorakten dem nach der Geschäftsverteilung bestimmten Berichterstatter vorzulegen. Eine Einlaufbearbeitung durch das Evidenzbüro hat nur über richterlichen Auftrag zu erfolgen.

(3) Ist der Akt in der Folge der Generalprokuratur zur Äußerung oder Antragstellung oder über ihr Ersuchen vor Erledigung der Sache zur Einsicht zuzuleiten, so sind Aktenstücke, aus denen auf den Inhalt der vom Obersten Gerichtshof zu fällenden Entscheidung oder den Gang der Beratung geschlossen werden könnte (Erledigungsentwurf, Äußerungen von Senatsmitgliedern u. dgl.), zurückzuhalten.

(4) Nach Rücklangen des Aktes von der Generalprokuratur übermittelt der Berichterstatter die Akten mit dem Erledigungsentwurf dem Senatsvorsitzenden zur weiteren Veranlassung.

(5) Bei Anordnung eines Gerichtstages ist der Generalprokuratur nur eine schriftliche Verständigung über den Termin zu übermitteln. Eine neuerliche Aktenübersendung findet bei dieser Gelegenheit nur über richterlichen Auftrag statt.

(6) Soweit die Generalprokuratur Stellungnahmen abgegeben, eine Nichtigkeitsbeschwerde zur Wahrung des Gesetzes, einen Antrag nach § 362 StPO oder einen solchen nach § 363a StPO eingebracht hat, sind Gleichschriften hievon spätestens anlässlich der Anberaumung des Gerichtstages den anderen am Verfahren über die Nichtigkeitsbeschwerde oder einen Antrag nach §§ 362, 363a StPO beteiligten Parteien zuzustellen, soweit nicht ein gegenteiliger richterlicher Auftrag vorliegt.

§ 55 Verstärkte Senate

(1) Nach Beschlussfassung über die Erledigung einer Rechtssache im verstärkten Senat (§ 8 OGHG) ist der Akt dem durch die Geschäftsverteilung bestimmten weiteren Berichterstatter (§ 8 Abs. 3 OGHG) zuzuleiten. Dieser legt den Akt dem Vorsitzenden mit seiner schriftlichen Stellungnahme vor.

(2) Der Vorsitzende veranlasst, dass der Beschluss über die Erledigung der Rechtssache im verstärkten Senat sowie die Entwürfe bzw. Stellungnahmen der beiden Berichterstatter den sich aus der Geschäftsverteilung ergebenden Mitgliedern der verstärkten Senates rechtzeitig unter Bekanntgabe des Sitzungs- oder Verhandlungstermines übermittelt werden.

(3) Der Vorsitzende hat nach Beschlussfassung gemäß Abs. 1 auch alle Mitglieder der übrigen Senate in Zivil- bzw. Strafsachen

hievon durch Bekanntgabe des Aktenzeichens der anhängigen Rechts(Straf)sache und des betreffenden Rechtsgebietes zu verständigen; ebenso ist vorzugehen, wenn ein solcher Beschluss später wieder revotiert wird.

(4) Dem verstärkten Senat obliegt es, die sich aus der von ihm getroffenen Entscheidung ergebenden Rechtssätze zu formulieren. Diese Rechtssätze sind vom Evidenzbüro in das Verzeichnis der Entscheidungen der verstärkten Senate aufzunehmen und auch allen übrigen Mitgliedern der Senate in Zivil- bzw. Strafsachen unverzüglich bekannt zu machen.

§ 56 Verhandlungen vor dem Obersten Gerichtshof

(1) Beschließt ein Senat die Anordnung einer mündlichen Verhandlung vor dem Revisionsgericht (§ 509 Abs. 2 ZPO) oder eines Gerichtstages zur öffentlichen Verhandlung oder beantragt der Berichterstatter die Anberaumung eines solchen (§§ 285c, 286, § 296 Abs. 3 StPO), so verfügt der Vorsitzende des Senates die Ausschreibung der mündlichen Verhandlung oder des Gerichtstages.

(2) Die Ausschreibung ist im Vormerkbuch (OGH Geo-Form Nr. 20a) einzutragen und der Termin öffentlich kundzumachen (§ 5 Abs. 1).

§ 57 Ladung der fachkundigen Laienrichter; Gebührenbestimmung

(1) Die Ladung der fachkundigen Laienrichter in Arbeits- und in Sozialrechtssachen erfolgt durch die Geschäftsabteilung mit OGH Geo-Form Nr. 15 in Ob über Auftrag des Vorsitzenden. Vor der Ladung ist eine telefonische Vorverständigung des betreffenden fachkundigen Laienrichters vorzunehmen, wobei dessen Verfügbarkeit für den in Aussicht genommenen Termin festzustellen ist. Enthält der Auftrag des Vorsitzenden eine namentliche Bestimmung

des zu ladenden fachkundigen Laienrichters (etwa im Falle der Revotierung einer Entscheidung), so hat die Geschäftsabteilung im Verhinderungsfall den Vorsitzenden davon zu verständigen.

(2) Im Falle einer Gebührenbestimmung hat der Leiter der Geschäftsabteilung die vom Vorsitzenden auf der Ladung zu vermerkende(n) Aktenzahl(en) anzuführen.

(3) § 37 Abs. 4 gilt sinngemäß.

§ 58 Einlauf in Disziplinar- und Dienstgerichtssachen

(1) Disziplinar- und Dienstgerichtssachen für Richter sind von der Geschäftsabteilung zunächst dem durch die Geschäftsverteilung bestimmten Berichterstatter und über richterlichen Auftrag der Generalprokuratur zur Antragstellung zuzuleiten. In Disziplinarsachen für Notare (Notariatskandidaten) und Rechtsanwälte (Rechtsanwaltsanwärter) sind die einlangenden Akten zunächst dem Vorsitzenden des Disziplinarsenates vorzulegen und erst nach Rücklangen von der Generalprokuratur dem vom Vorsitzenden zum Berichterstatter bestellten Notarenrichter (§ 173 NO) bzw. Anwaltsrichter (§ 50 Abs. 1 DSt) zuzuleiten. Die Bestimmungen des § 54 sind sinngemäß anzuwenden.

(2) Die Ausschreibung der Sitzungen und Verhandlungen obliegt dem jeweils nach der Geschäftsverteilung in Betracht kommenden Senatsvorsitzenden. Zugleich mit der Ausschreibung ist der im § 113 Abs. 2 RStDG vorgeschriebene Antrag an den Präsidenten auf Bestimmung des Schriftführers zu stellen.

§ 59 Vorläufige Verständigung

(1) In Straf- und Disziplinarsachen ist in Haft-, Anhaltungs- und anderen dringenden Fällen das Gericht erster Instanz, erforderlichenfalls auch der Gerichtshof zweiter Instanz oder ein anderes Gericht, auf dessen Verfahren die Entscheidung des Obersten Gerichtshofes Einfluss üben kann, durch eine „Vorläufige Verständigung" vom wesentlichen Inhalt der Entscheidung in Kenntnis zu setzen (OGH Geo-Form Nr. 13, 13a und 13b in Os). Diese Verständigung ist vom Vorsitzenden persönlich zu unterfertigen und unverzüglich, möglichst per Telefax, abzufertigen; in Haft- und Anhaltungssachen ist sie mit dem Vermerk „HAFT" zu versehen.

(2) Wird durch die Entscheidung des Obersten Gerichtshofs ein rechtskräftiges Urteil, aufgrund dessen sich der Verurteilte in Strafhaft befindet, ohne Entscheidung in der Sache aufgehoben, so sind dem Erstgericht auch die wesentlichen Gründe für die Entscheidung mitzuteilen. Die "Vorläufige Verständigung" hat diesfalls auch den Vermerk "Dringend, sofort dem zuständigen Richter vorlegen" zu enthalten. Sofern das Erstgericht aktuell über keine Kopie des Strafakts verfügt (Abs. 3 letzter Satz), sind Kopien der zur Beurteilung der Entscheidung über die Verhängung der Untersuchungshaft erforderlichen Aktenteile mit zu übermitteln.

(3) Wird seitens der Generalprokuratur eine Entscheidung im Sinne des Abs. 2 beantragt, ist im Rahmen der Ausschreibung des Gerichtstags oder der nicht-öffentlichen Sitzung das Erstgericht unter Anschluss einer Kopie der Nichtigkeitsbeschwerde zur Wahrung des Gesetzes (§ 23 StPO), des Erneuerungsantrags (§ 363a StPO) oder der eine Maßnahme nach § 290 Abs. 1 StPO vorschlagenden Stellungnahme der Generalprokuratur (§ 24 StPO) vom Termin zu verständigen. Sofern es möglich ist, ist dem Erstgericht vor diesem Termin Gelegenheit zu geben, Kopien der zur Beurteilung der Entscheidung über die Verhängung der Untersuchungshaft erforderlichen Aktenteile herzustellen.

§ 60 Beratung, Abstimmung; Aktenlauf nach der Beschlussfassung

(1) Der Vorsitzende leitet die Beratung und Abstimmung im Senat; für diese gilt § 5

Abs. 2 OGHG. Er kann, soweit dies nach den Verfahrensvorschriften zulässig ist, auch eine schriftliche Abstimmung anordnen. Falls sich hiebei keine Stimmeneinhelligkeit ergibt oder es ein Senatsmitglied beantragt, ist in einer Vollsitzung des Senates zu beraten und abzustimmen.

(2) Über jede mündliche Verhandlung und Abstimmung ist ein Beratungsprotokoll aufzunehmen. Eine stimmeneinhellige Beschlussfassung kann durch einen auf der Urschrift der Entscheidung anzubringenden Abstimmungsvermerk beurkundet werden. Beratungsprotokolle und Abstimmungsvermerke sind vom Vorsitzenden und vom Schriftführer zu unterfertigen. Steht ein Schriftführer nicht zur Verfügung, so kann die ansonsten diesem zufallende Beurkundung mittels Unterfertigung durch den Berichterstatter oder bei dessen Verhinderung durch das in der Verteilerliste (§ 3 Abs. 1) höchstgereihte Senatsmitglied vorgenommen werden. Der Vorsitzende kann auch in Fällen, in denen ein Gesetz nichts Abweichendes anordnet, verfügen, dass das Beratungsprotokoll bzw. der Abstimmungsvermerk unter Verschluss zu halten ist.

(3) Nach stimmeneinhelliger Beschlussfassung im Senat ist jeder Akt nach Anbringung des Abstimmungsvermerkes erforderlichenfalls dem Berichterstatter und anschließend dem Vorsitzenden, sonst sogleich dem Vorsitzenden zuzuleiten.

(4) Wenn nach einer Beschlussfassung mit Stimmenmehrheit der Berichterstatter die Abfassung der Entscheidung nicht übernimmt und der Vorsitzende nichts anderes anordnet, hat jenes Senatsmitglied die Entscheidung abzufassen, dessen Antrag zum Beschluss erhoben worden ist. Jedoch obliegt die Abfassung einer Mehrheitsentscheidung auch bei Beteiligung fachkundiger Laienrichter stets einem Mitglied des Obersten Gerichtshofes. § 37 Abs. 4 gilt sinngemäß.

(5) Nach Abfassung der mit Stimmenmehrheit beschlossenen Entscheidung ist der Akt dem in der Verteilerliste (§ 3 Abs. 1) höchstgereihten überstimmten Senatsmitglied und anschließend dem Vorsitzenden zuzuleiten.

(6) Auf der jedem Akt beizulegenden Rechtssatzkarte formuliert der Berichterstatter oder der Vorsitzende, falls er es für geboten hält, die sich aus der Entscheidung ergebenden Rechtssätze oder setzt einen Vermerk, dass kein Rechtssatz gebildet wurde und/oder keine Volltextdokumentation stattfinden soll. In jedem Fall ist die Rechtssatzkarte vom Vorsitzenden zu unterfertigen. Für verstärkte Senate gilt § 55 Abs. 4.

(7) Die Genehmigung zur Abfertigung der erledigten Akten steht dem Vorsitzenden des Senates, im Fall seiner Verhinderung (z. B. Krankheit, Urlaub) dem in der Verteilerliste (§ 3 Abs. 1) höchstgereihten Mitglied des Senates oder, wenn dieses Mitglied Berichterstatter war, dem nächstgereihten Senatsmitglied zu.

(8) Die verfahrensgesetzlichen Regelungen, wie in Fällen dauernder Verhinderung bei der Abfassung und Unterfertigung von Entscheidungen und Protokollen vorzugehen ist, werden durch diese Bestimmungen nicht berührt.

(9) Der Vorsitzende verfügt, wie viele Ausfertigungen der Entscheidung herzustellen und wem sie zuzumitteln sind. Hiefür sind Zustellblätter, deren Gestaltung gesondert angeordnet wird, zu verwenden. Im Akt sollen mindestens zwei nicht anonymisierte und zehn weitere anonymisierte Ausfertigungen verbleiben; der Amtsbibliothek ist eine anonymisierte Ausfertigung zu übermitteln, für die Fälle des § 74 Z. 7 eine solche auch dem Evidenzbüro.

(10) In besonderen Feststellungsverfahren nach § 54 Abs. 2 ASGG erlässt der Vorsitzende die Zustellverfügung und überprüft den Anschluss der Zustellnachweise (§ 42 Abs. 3).

(11) In Sozialrechtssachen ist je eine Ausfertigung der Entscheidung, mit der die Rechtssache für den Obersten Gerichtshof vollständig erledigt wird (also über das Rechtsmittel entschieden wird), an das Bundesministerium für Arbeit, Soziales und Konsumentenschutz und den Hauptverband der österreichischen Sozialversicherungsträger unmittelbar zu übersenden (§ 81 ASGG).

(12) Die Geschäftsabteilung hat, wenn in einer Sache ein Antrag gemäß Art. 139 oder Art. 140 B-VG an den Verfassungsgerichtshof oder ein Antrag auf Vorabentscheidung an den Gerichtshof der Europäischen Union (§ 90a GOG) gestellt wird, das Präsidium und alle Mitglieder der übrigen Senate in Zivil- bzw. Strafsachen hievon unverzüglich durch Zumittlung einer Ausfertigung zu verständigen.

§ 61 Auswertung

(1) Nach Beschlussfassung sind die Akten sowohl in Zivil- als auch in Strafsachen der zuständigen Geschäftsabteilung zu übermitteln.

(2) Nach Abfertigung durch die Geschäftsabteilung sind die Akten zur Auswertung der für das RIS vom jeweiligen Senat auszufüllenden Karteikarten (OGH Geo-Form Nr. 20 in Ob – Karteikarte Rechtssätze EB [rosa] in Zivilsachen bzw. OGH Geo-Form Nr. 21 in Os – Karteikarte Rechtssätze EB [grün] in Strafsachen) an das Evidenzbüro zu leiten.

(3) Die Einhaltung des im § 60 und in den vorstehenden Absätzen festgesetzten Aktenlaufes kann auf dem jedem Akt beizugebenden Vorsteckzettel (OGH Geo-Form Nr. 30) ersichtlich gemacht werden.

§ 62 Der Besondere Schreibdienst

(1) Dem Besonderen Schreibdienst obliegen grundsätzlich alle Schreibarbeiten (insbesondere die Ausfertigungen auf Grund der Urschriften), die Aufnahme sämtlicher Schriftstücke nach Ansage in Maschinschrift, das Übertragen der Tonbänder in Maschinschrift, die Vergleichung der Ausfertigungen mit der Urschrift sowie die Bearbeitung von Textteilen bereits bestehender Dokumente.

(2) Die Leiter der Geschäftsabteilungen haben die Schreibarbeiten, nachdem sie den Tag der Übergabe an den Besonderen Schreibdienst in der Bemerkungsspalte der Register ersichtlich gemacht haben, dem Leiter des Besonderen Schreibdienstes zu übergeben. Dieser hat das übernommene Schreibgut an die Bediensteten des Schreibdienstes gleichmäßig zu verteilen.

(3) Alle Ausfertigungen sind mit den Urschriften genau zu vergleichen und im Erfassungsblatt für das „Lesen und Vergleichen" (SchPrForm. Nr. 2) einzutragen. Auf der Urschrift sind die Namen der Bediensteten, die die Reinschrift angefertigt und die sie mit der Urschrift verglichen haben, unter Beisetzung des Datums zu vermerken. Nach Fertigstellung aller in einem Übergabsblatt (SchPrForm. Nr. 1) verzeichneten Akten hat die Schreibkraft den Tag der Ablieferung der Arbeit einzusetzen und deren Ablieferung von der zuständigen Geschäftsabteilung bestätigen zu lassen.

(4) Die Arbeiten nach Ansage (Tonband) sind dem Leiter des Besonderen Schreibdienstes zu übergeben, damit die Tonbänder unter den Bediensteten gleichmäßig verteilt werden können. Die Übertragung in Maschinschrift ist in einem besonderen Vormerkbogen nach SchPrForm. Nr. 3 einzutragen und vom Diktierenden bei Übergabe des Schreibgutes bestätigen zu lassen.

(5) Der Leiter des Besonderen Schreibdienstes hat die Wochenabrechnungen unter Verwendung der SchPrForm. Nr. 4 und 5 und einen Monatsausweis unter Verwendung der SchPrForm. Nr. 6 aufzustellen. Der Vorsteher der Geschäftsstelle hat die Abrechnungen und den Monatsausweis zu

prüfen, die Prüfung durch seine Unterschrift zu bestätigen und die Anweisung der Schreibprämien zu veranlassen.

(6) Die mit Präsidialverfügung vom 10. 12. 1974, Präs 2020/74, erlassene Dienstanweisung über die Festsetzung von Mehrleistungszulagen für Schreibmaschinarbeiten ist weiterhin anzuwenden.

§ 63 Abfertigung

(1) Der Leiter der Geschäftsabteilung hat nach Überprüfung der Reinschrift die Ausfertigungen der Erledigung nach Vorschrift des § 18 Abs. 1 OGHG zu unterschreiben, in den im § 18 Abs. 2 OGHG angeführten Fällen jedoch die Unterschrift des Präsidenten oder Vorsitzenden des Senates einzuholen und das Gerichtssiegel beizusetzen.

(2) Die Abfertigung der Geschäftsstücke sowie die Beurkundung der Abfertigung obliegt dem Leiter der Geschäftsabteilung, ihre Absendung oder sonstige Weiterleitung dem Bediensteten der Zustellabteilung, der dabei allfällige Weisungen des Leiters der Geschäftsabteilung zu beachten hat.

(3) In Haft- und Anhaltungssachen sind Rücksendungs- oder Übermittlungsnoten mit dem Vermerk „HAFT" zu versehen.

(4) Von Anträgen auf Bestimmung der Zuständigkeit in Zivilsachen ist eine Kopie herzustellen und im Akt zu behalten. Im Falle eines bereits vor Anrufung eines Gerichtes gestellten Ordinationsantrages sind die Ausfertigungen der Erledigung nur dem Antragsteller zuzustellen.

§ 64 Beglaubigung zwecks Vorlage im Ausland

Akten, in denen die Beglaubigung (Überbeglaubigung) einer vom Obersten Gerichtshof stammenden Urkunde oder gemäß Art. 5 des Übereinkommens zur Befreiung ausländischer öffentlicher Urkunden von der Beglaubigung, BGBl. Nr. 27/1968, i. V. m.

§ 3 Z. 1 lit. f des Bundesgesetzes über die Ausstellung der Apostille nach dem Übereinkommen zur Befreiung ausländischer öffentlicher Urkunden von der Beglaubigung, BGBl. Nr. 28/1968, die Einholung der Apostille begehrt wird, sind dem Präsidenten vorzulegen.

§ 65 Formblätter

(1) Die im Anhang I angeführten Formblätter sind nach Gruppen und Nummern geordnet in ein Verzeichnis einzutragen, das der Vorsteher der Geschäftsstelle rückstandsfrei zu führen hat.

(2) Bei der Verwendung der Formblätter sind diese den Erfordernissen des Einzelfalles anzupassen.

§ 66 Zustellabteilung

(1) Die Geschäfte des gerichtlichen Außenverkehrs (Bewirkung von Zustellungen, Übergabe von Sendungen, Übermittlung von Geschäftsstücken ohne Zustellausweis u. dgl.) und des gesamten inneren dienstlichen Verkehrs zwischen den einzelnen Abteilungen und Organen des Obersten Gerichtshofes und der Generalprokuratur (Abholen, Abtragen und Überbringen von Akten, abgefertigten Schriftstücken und Zustellscheinen, Verpackung der Sendungen u. dgl.) obliegen - soweit in dieser Verordnung nichts anderes angeordnet ist - der Zustellabteilung, die ein Verzeichnis über die abgesendeten Geschäftsstücke zu führen hat.

(2) Zustellungen per Telefax sind durch die jeweilige Geschäftsabteilung unverzüglich durchzuführen.

§ 67 Aufbewahrung anhängiger Akten

(1) Sofern nicht für einzelne Gattungen von Akten etwas anderes angeordnet ist, sind die Akten im Amtsraum nach den verschiedenen Registern und Geschäftsbehelfen geordnet aufzubewahren. Innerhalb jeder

Gruppe sollen die Akten in der Regel nach der Reihenfolge der Registerzahlen liegen. Akten, in denen Tagsatzungen welcher Art immer anberaumt oder die aus anderen Gründen kalendiert sind (§ 38 Abs. 1), sind in besonderen, mit entsprechenden Aufschriften gekennzeichneten Fächern aufzubewahren.

(2) An der Stelle ausgehobener Akten ist ein Verweisungsblatt einzulegen, auf dem das Aktenzeichen oder die Geschäftszahl, der Tag der Ausfolgung und die Person oder Dienststelle anzugeben sind, der die Akten übergeben oder übersendet wurden.

(3) Angeschlossene erstinstanzliche Vor- oder Beiakten, die für die Sache ohne Bedeutung sind, sowie mitgesandte Depositen (z. B. Videokassetten) sind über richterlichen Auftrag durch die Geschäftsabteilung gesondert zu verwahren; dies ist im Akt und im Register mit Vermerk ersichtlich zu machen.

§ 68 Sammelakten

(1) Alle Akten der in die Register eingetragenen Sachen sind, soweit sie nicht an die Vorlageinstanzen zurückgegeben werden müssen, nach den Zahlen der Register geordnet jahrgangsweise zu Sammelakten zu vereinigen. Die einzelnen Pakete sind nach den dazugehörigen Registern zu bezeichnen und können zwischen feste Deckel gelegt werden.

(2) In Nc-, Fsc-, Ns- und Fss-Sachen können mehrere Sammelpakete auch in einen Umschlag gelegt werden.

VIII. Abschnitt

Vorschriften für das Aktenlager

[§§ 69]

IX. Abschnitt

Veröffentlichung von und Einsicht in Entscheidungen; Amtshilfe

§ 70 Zugänglichkeit der Entscheidungen; Sperrfrist

(1) Einsicht in die Entscheidungsdokumentation Justiz wird vom Evidenzbüro des Obersten Gerichtshofes nur nach Maßgabe der personellen und technischen Voraussetzungen gewährt.

(2) Die Einsicht erfolgt über schriftliches Ersuchen durch die Erteilung anonymisierter Ausdrucke (§ 15 Abs. 4 OGHG) gegen Kostenersatz. Im Ersuchen sind entweder das Aktenzeichen oder andere die Entscheidung(en) eindeutig kennzeichnende Suchbegriffe anzugeben, die ein Auffinden der Entscheidung(en) mit einer einmaligen Abfrage ermöglichen.

(3) Über Ersuchen gemäß § 15a Abs. 2 OGHG entscheidet der Präsident oder der von ihm mit dieser Aufgabe betraute Bedienstete.

(4) Die anonymisierten Ausdrucke sind dem Antragsteller, sofern nichts anderes verfügt wird, auf dem Postweg zuzusenden.

(5) Die Höhe des zu leistenden Kostensatzes (§ 15a Abs. 2 OGHG) wird vom Präsidenten mit gesonderter Verfügung festgesetzt (§ 22 Abs. 2 OGHG).

(6) Die Auflage von Abonnements aller Entscheidungen des Obersten Gerichtshofes oder der Entscheidungen bestimmter Sachgebiete (§ 22 Abs. 2 OGHG) bleibt einer gesonderten Regelung durch den Präsidenten vorbehalten.

(7) Ausfertigungen, Ausdrucke und Auszüge oberstgerichtlicher Entscheidungen dürfen, sofern nicht eine ausdrückliche gegenteilige Verfügung des Vorsitzenden des betreffenden Senates oder des Präsidenten

vorliegt, frühestens im zweiten Monat nach deren Abfertigung zugänglich gemacht werden (Sperrfrist). Dies ist durch Anbringung des Abfertigungsdatums auf der ersten Seite derselben sicher zu stellen. Im Falle der vollständigen Direktzustellung von Entscheidungen durch den Obersten Gerichtshof nach § 42 Abs. 3 entfallen – vorbehaltlich einer gegenteiligen Verfügung des Vorsitzenden des betreffenden Senates oder des Präsidenten – die Sperrfrist und die Anbringung des Abfertigungsdatums.

§ 71 Amtshilfe

Ersuchen um Amtshilfe (Art. 22 B-VG) sind zwecks Prüfung zunächst dem Präsidenten vorzulegen.

X. Abschnitt

Vorschriften für das Evidenzbüro

§ 72 Stellung des Evidenzbüros

Dem Präsidenten steht die Aufsicht über die Führung der Geschäfte des Evidenzbüros zu (§ 14 OGHG). Die Geschäftsführung obliegt dem Leiter des Evidenzbüros und seinem Stellvertreter. Ihnen stehen der Leiter der Geschäftsabteilung des Evidenzbüros, dessen Stellvertreter und die dort eingeteilten Bediensteten zur Seite.

§ 73 Geschäftsverteilung

(1) Der Leiter des Evidenzbüros hat dessen Geschäfte in sinngemäßer Anwendung der Bestimmungen des § 13 OGHG zu verteilen, wobei er nach Möglichkeit für Verhinderungsfälle Vertretungen vorzusehen und die sich aus § 1 Abs. 4 ergebende Belastung eines Präsidialsekretärs angemessen zu berücksichtigen hat. Die Geschäftsverteilung und im Lauf des Jahres etwa nötig werdende, nicht bloß kurzdauernde Änderungen derselben sind dem Präsidenten jeweils zur Kenntnis zu bringen.

(2) Die Richter, Staatsanwälte und sonstigen dem Evidenzbüro zugeteilten rechtskundigen Bediensteten (§ 3 Abs. 4 OGHG) haben im Bedarfsfall auch den Schriftführerdienst bei Sitzungen und Verhandlungen (§ 14 Abs. 8 OGHG) nach der jeweiligen Einteilung durch den Leiter der Geschäftsabteilung des Evidenzbüros zu versehen, wobei auf eine gleichmäßige Belastung zu achten ist.

§ 74 Bearbeitung der Akten im Evidenzbüro

Zur Erreichung der im § 14 Abs. 1 bis 3 OGHG umschriebenen Zwecke und Aufgaben hat das Evidenzbüro

1. zu allen Ob- und Ok-Akten (§ 53 Abs. 3) und über besonderen Auftrag eines Mitgliedes des Obersten Gerichtshofes oder der Generalprokuratur auch zu Os-Akten (§ 54 Abs. 2) sowie zu Ds- und Dg-Akten (§ 58 Abs. 1) die im Rechtsinformationssystem des Bundes (RIS) dokumentierte Judikatur bekannt zu geben;

2. die vom Obersten Gerichtshof beschlossenen Entscheidungen nach Erhalt der Akten (§ 61 Abs. 2) ehestmöglich auszuwerten und die wesentlichen Rechtssätze im Rechtsinformationssystem des Bundes (RIS) festzuhalten;

3. Entscheidungsveröffentlichungen und -besprechungen in einer eigenen Datei zu erfassen;

4. ein Verzeichnis der Entscheidungen der verstärkten Senate zu führen (§ 55 Abs.4);

5. die Leitsätze der wichtigsten Entscheidungen den Mitgliedern des Obersten Gerichtshofes und der Generalprokuratur vierteljährlich in einem „Mitteilungsblatt" bekannt zu geben, soweit diese nicht durch die Amtsbibliothek mittels gleichwertiger Veröffentlichungen laufend versorgt werden; dem Präsidenten ist das „Mitteilungsblatt" jedenfalls zuzuleiten;

6. nach Maßgabe der personellen Möglichkeiten über besonderen Auftrag eines Mitgliedes des Obersten Gerichtshofes oder der Generalprokuratur auch Literatur, Materialien oder Judikatur anderer in- und ausländischer Gerichte zu beschaffen;

7. Entscheidungsausfertigungen, die nicht in die Entscheidungsdokumentation Justiz aufgenommen werden (§ 15 Abs. 2 OGHG), jahrgangsweise zu sammeln und aufzubewahren.

§ 75 Hilfseinrichtungen des Evidenzbüros

Das Evidenzbüro hat folgende Hilfseinrichtungen zu führen:

1. das Register der bearbeiteten Akten (§ 8 Z. 15 und § 34);

2. eine Datei der Entscheidungsveröffentlichungen und -besprechungen;

3. ein alphabetisches Register der in der Entscheidungsdokumentation Justiz (§ 15 OGHG) erfassten Rechtsvorschriften (Zitierregeln);

4. eine Sammlung der nicht in die Entscheidungsdokumentation Justiz aufgenommenen Entscheidungsausfertigungen (§ 74 Z. 7).

§ 76 Berichte

Der Leiter des Evidenzbüros hat dem Präsidenten bis spätestens 31. März eines jeden Jahres einen Tätigkeitsbericht über das abgelaufene Jahr zu erstatten.

XI. Abschnitt

Ausbildung und Einsatz von Richteramtsanwärtern

[§§ 77 und 78]

XII. Abschnitt

Amtswirtschaft

[§§ 79 bis 81]

XIII. Abschnitt

Amtsbibliothek

§ 82 Aufgabe der Bibliothek

(1) Die Bibliothek des Obersten Gerichtshofes (Zentralbibliothek im Justizpalast) dient den fachwissenschaftlichen Bedürfnissen der Mitglieder und sonstigen Bediensteten des Obersten Gerichtshofes, der Generalprokuratur sowie aller übrigen im Justizpalast befindlichen Gerichte und Behörden.

(2) Die Bibliothek hat die für eine wissenschaftlich fundierte Entscheidungs- und Begutachtungstätigkeit des Obersten Gerichtshofes notwendige Literatur zu sammeln. Dazu gehören jedenfalls:

a) die österreichischen Gesetz-, Verordnungs- und Amtsblätter;

b) die europarechtlichen Amtsblätter;

c) die für den Aufgabenbereich des Obersten Gerichtshofes bedeutsamen neu erscheinenden Ausgaben österreichischer Gesetze und die hiezu erscheinenden Kommentare, Systeme, Monografien, Festschriften und Sammelwerke;

d) das für den Aufgabenbereich des Obersten Gerichtshofes bedeutsame europarechtliche Schrifttum;

e) unter Berücksichtigung der internationalen Rechts- und Wirtschaftsentwicklung sowie der auf dem Gebiet des internationalen Privat- und Strafrechtes und des internationalen Verfahrensrechtes geltenden Regeln auch ausländische Gesetzesausgaben und ausländisches Schrifttum in den Standard-werken (auch fremdsprachig);

f) die in- und ausländischen sowie europa-rechtlichen Fachzeitschriften und Entschei-dungssammlungen;

g) Nachschlagewerke allgemeiner Art.

(3) Für die Handbibliotheken (§ 96) ist zur Erzielung einer rationellen Arbeitsbewälti-gung eine möglichst vollständige Ausstat-tung - auch mit Zeitschriften und Entschei-dungssammlungen - unter Berücksichtigung des Bedarfes der Fachsenate anzustreben.

[§§ 83 bis 95]

§ 96 Handbibliotheken

(1) Der Leiter der Bibliothek hat dafür zu sorgen, dass jedem Mitglied des Obersten Gerichtshofes und der Generalprokuratur unter Berücksichtigung der Grundsätze nach § 82 Abs. 3 eine seinen Bedürfnissen soweit wie möglich entsprechende Handbi-bliothek zur Verfügung steht.

(2) Die Verwaltung der Handbibliotheken hat IT-gestützt zu erfolgen.

(3) Die Handbibliotheken oder einzelne Werke (Auflagen) daraus können bei Än-derung der Geschäftsverteilung (z. B. Se-natswechsel) oder bei Ausgabe einer Neu-auflage zurückgefordert werden.

[§§ 97 bis 100]

Artikel II

§ 101 Durchführungs-, Schluss- und Übergangsbestimmungen

(1) Diese Verwaltungsverordnung tritt mit 1. Jänner 2005 in Kraft.

(2) Maßnahmen, die den inneren Ge-schäftsbetrieb des Obersten Gerichtshofes im Einzelnen betreffen, sind auf Grund der jeweiligen gesetzlichen Vorschriften durch Präsidialverfügung zu treffen.

(3) Die in dieser Geschäftsordnung verwen-deten personenbezogenen Ausdrücke um-fassen Frauen und Männer gleichermaßen.

Wien, am 25. Jänner 2005
Dr. Rzeszut

Literaturverzeichnis

Rechtswissenschaftliche Literatur[116]

Berchtold, Klaus, Das Recht auf ein Verfahren vor dem gesetzlichen Richter, in: *Machacek/Pahr/Stadler* (Hrsg), Grund- und Menschenrechte in Österreich, Bd 2, 711, Kehl am Rhein-Straßburg-Arlington 1992

Berka, Walter, Die Grundrechte. Grundfreiheiten und Menschenrechte in Österreich, Wien 1999

Danzl, Karl-Heinz, Der Weg zum OGH nach der WGN 1997, ÖJZ 1998/5a SNr, 1-34

Fasching, Hans W./Konecny, Andreas, Zivilprozessgesetze Online[2], Wien 2000-2011

Feldner, Birgit, Verstärkte Senate beim Obersten Gerichtshof, Wien 2001

Feil, Erich/Kroisenbrunner, Elke, Zivilprozessordnung. Kurzkommentar für die Praxis, Wien 2003

Hausmann, Till, Wieviel MRG verträgt ein Superädifikat?, wobl 2013, 101

Klauser, Alexander/Kodek, Georg, JN-ZPO Online[17.00], Wien 2012

Kodek, Erich, Revision (§§ 502-513 ZPO), in: *Rechberger* (Hrsg), Kommentar zur ZPO[3], Wien 2006

Kodek, Georg, Funktion und Arbeitsweise des OGH – die Binnensicht, in: *Kodek* (Hrsg), Zugang zum OGH, Wien 2012, 99-118

---

[116] Verzeichnet nach juristischer Konvention.

Müller, Rudolf, Arbeitsrecht und Sozialrecht – Probleme der Divergenz von Rechtsprechung, DRdA 1998, 305

Rechberger, Walter, Kommentar zur ZPO[3], Wien 2006

Rechberger, Walter, Rz 290-382, in; *Rechberger, Walter/Simotta, Daphne-Ariane,* Grundriss des österreichischen Zivilprozessrechts, Erkenntnisverfahren[7], Wien 2009

Rechberger, Walter/Simotta, Daphne-Ariane, Grundriss des österreichischen Zivilprozessrechts, Erkenntnisverfahren[7], Wien 2009

Schubert, Günter, § 1-25 ZPO, in: *Fasching/Konecny,* Zivilprozessgesetze Online[2], Wien 2000-2011

Schragel, Walter, § 178 ZPO, in: *Fasching/Konecny,* Zivilprozessgesetze Online[2], Wien 2000-2011

Zechner, Alfons, §§ 502-528a ZPO, in: *Fasching/Konecny,* Zivilprozessgesetze Online[2], Wien 2000-2011

Soziologische Literatur[117]

Berger, Peter L. und *Luckmann, Thomas,* 2004 (1966): Die gesellschaftliche Konstruktion der Wirklichkeit. Frankfurt am Main: Fischer Verlag

Bogner, Alexander und *Leuhold, Margit,* 2005 (2002): „Was ich dazu noch sagen wollte…" Die Moderation von Experten-Fokusgruppen. S. 155-172. In: Bogner, Alexander, Littig, Beate und Menz, Wolfgang (Hg.), 2005 (2. Auflage von 2002): Das Experteninterview. Theorie, Methode, Anwendung. Wiesbaden: VS Verlag für Sozialwissenschaften

---

[117] Verzeichnet nach sozialwissenschaftlicher Konvention.

Bogner, Alexander, Littig, Beate und *Menz, Wolfgang* (Hg.), 2005 (2. Auflage von 2002): Das Experteninterview. Theorie, Methode, Anwendung. Wiesbaden: VS Verlag für Sozialwissenschaften

Bogner, Alexander und *Menz, Wolfgang*, 2005: Das theoriegenerierende Experteninterview. Erkenntnisinteresse, Wissensformen, Interaktion. S.33-70. In: Bogner, Alexander, Littig, Beate und Menz, Wolfgang (Hg.), 2005 (2. Auflage von 2002): Das Experteninterview. Theorie, Methode, Anwendung. Wiesbaden: VS Verlag für Sozialwissenschaften

Diekmann, Andreas, 2001 (1995): Empirische Sozialforschung. Grundlagen, Methoden, Anwendungen. Reinbeck bei Hamburg: Rowohlt Taschenbuch Verlag

Durkheim, Emile, 1980 (1895): Die Regeln der soziologischen Methode. Suhrkamp

Flick, Uwe, von Kardorff, Ernst und *Steinke, Ines* (Hg.), 2004 (3. Auflage von 2000): Qualitative Forschung. Ein Handbuch. Reinbeck bei Hamburg: Rowohlt Taschenbuch Verlag

Flick, Uwe, 2004 (2000): Triangulation in der qualitativen Forschung. S. 309-318. In: Flick, Uwe, von Kardorff, Ernst und Steinke, Ines (Hg.), 2004 (3. Auflage von 2000): Qualitative Forschung. Ein Handbuch. Reinbeck bei Hamburg: Rowohlt Taschenbuch Verlag

Froschauer, Ulrike und *Lueger, Manfred*, 2003: Das qualitative Interview. Wien: WUV Facultas Verlag

Froschauer, Ulrike und *Lueger, Manfred*, 2005 (2002): ExpertInnengespräche in der interpretativen Organisationsforschung. S. 223-240. In: Bogner, Alexander, Littig, Beate und Menz, Wolfgang (Hg.), 2005 (2. Auflage von 2002): Das Experteninterview. Theorie, Methode, Anwendung. Wiesbaden: VS Verlag für Sozialwissenschaften

Fuchs-Heinritz, Werner et al. (Hg.), 1995 (1994): Lexikon zur Soziologie. 3., völlig neu bearbeitete und erweiterte Auflage. Opladen: Westdeutscher Verlag

Glaser, Barney und *Strauss, Anselm,* 1965: Die Methode des ständigen Vergleichens in der qualitativen Analyse. S. 463-445. In: Social Problems, 12.

Glaser, Barney und *Strauss, Anselm,* 1998 (1967): Grounded Theory. Strategien qualitativer Forschung. Bern: Verlag Hans Huber

Gripp, Helga, 1995 (1994): Diskurs. S. 145. In: Fuchs-Heinritz, Werner et al. (Hg.): Lexikon zur Soziologie. 3., völlig neu bearbeitete und erweiterte Auflage. Opladen: Westdeutscher Verlag

Haberler, Veronika, 2012: Mode(n) als Zeitindikator. Die Kreation von textilen Modeprodukten. Wiesbaden: VS Verlag für Sozialwissenschaften

Knoblauch, Hubert, 2004 (2000): Zukunft und Perspektiven qualitativer Forschung. S. 623-632. In: Flick, Uwe, von Kardorff, Ernst und Steinke, Ines (Hg.), 2004 (3.Auflage von 2000): Qualitative Forschung. Ein Handbuch. Reinbeck bei Hamburg: Rowohlt Taschenbuch Verlag

Littig, Beate, 2008: Interviews mit Eliten – Interviews mit ExpertInnen: Gibt es Unterschiede? [37 Absätze]. Forum Qualitative Sozialforschung / Forum: Qualitative Social Research, 9(3), Art. 16, http://nbn-resolving.de/urn:nbn:de:0114-fqs0803161

Lüders, Christian, 2004 (2000): Herausforderungen qualitativer Forschung. S. 632-642. In: Flick, Uwe, von Kardorff, Ernst und Steinke, Ines (Hg.), 2004 (3. Auflage von 2000): Qualitative Forschung.

Ein Handbuch. Reinbeck bei Hamburg: Rowohlt Taschenbuch Verlag

Lüdtke, Hartmut, 1995 (1994): Akteur. S. 29. In: Fuchs-Heinritz, Werner et al. (Hg.): Lexikon zur Soziologie. 3., völlig neu bearbeitete und erweiterte Auflage. Opladen: Westdeutscher Verlag

Lueger, Manfred, 2000: Grundlagen qualitativer Feldforschung. Wien: WUV-Universitätsverlag

Meuser, Michael und *Nagel, Ulrike,* 2005 (1991): ExpertInneninterviews – vielfach erprobt, wenig bedacht. Ein Beitrag zur qualitativen Methodendiskussion. S. 71-93. In: Bogner, Alexander, Littig, Beate und Menz, Wolfgang (Hg.), 2005 (2. Auflage von 2002): Das Experteninterview. Theorie, Methode, Anwendung. Wiesbaden: VS Verlag für Sozialwissenschaften

Popper, Karl, 1971 (1969): *Die Logik der Sozialwissenschaften.* S. 103-107. In: Maus, Heinz/Fürstenberg, Friedrich (Hg.), 1971 (1969): Der Positivismusstreit in der deutschen Soziologie. Neuwied: Luchterhand

Reichertz, Jo, 2004 (2000): Objektive Hermeneutik und hermeneutische Wissenssoziologie. S. 514-524. In: Flick, Uwe, von Kardorff, Ernst und Steinke, Ines (Hg.), 2004 (3. Auflage von 2000): Qualitative Forschung. Ein Handbuch. Reinbeck bei Hamburg: Rowohlt Taschenbuch Verlag

Richter, Rudolf, 2002: Verstehende Soziologie. Wien: Facultas

Seiffert, Helmut, 2006 (1970): Einführung in die Wissenschaftstheorie. München: Verlag C. H. Beck

Schimank, Uwe, 2007 (2000): Handeln und Strukturen. Einführung in die akteurtheoretische Soziologie. Weinheim und München: Juventa

Sprondel, Walter M., 1979: "Experte" und "Laie": Zur Entwicklung von Typenbegriffen in der Wissenssoziologie. S.140-154. In: Walter M. Sprondel & Richard Grathoff (Hg.) 1979: Alfred Schütz und die Idee des Alltags in den Sozialwissenschaften. Stuttgart: Enke

Steinke, Ines, 2004 (2000): Gütekriterien qualitativer Forschung. S. 319-331. In: Flick, Uwe, von Kardorff, Ernst und Steinke, Ines (Hg.), 2004 (3.Auflage von 2000): Qualitative Forschung. Ein Handbuch. Reinbeck bei Hamburg: Rowohlt Taschenbuch Verlag

Strauss, Anselm und *Corbin, Juliet,* 1996 (1990): Grounded Theory. Grundlagen qualitativer Sozialforschung. Weinheim: Beltz, Psychologie Verlags Union

Trinczek, Rainer, 2005 (2002): Wie befrage ich Manager? Methodische und methodologische Aspekte des Experteninterviews als qualitativer Methode empirischer Sozialforschung. S. 209-222. In: Bogner, Alexander, Littig, Beate und Menz, Wolfgang (Hg.), 2005 (2. Auflage von 2002): Das Experteninterview. Theorie, Methode, Anwendung. Wiesbaden: VS Verlag für Sozialwissenschaften

Von Kardorff, Ernst, 2004 (2000): Zur Verwendung qualitativer Forschung. S. 615-623. In: Flick, Uwe, von Kardorff, Ernst und Steinke, Ines (Hg.), 2004 (3.Auflage von 2000): Qualitative Forschung. Ein Handbuch. Reinbeck bei Hamburg: Rowohlt Taschenbuch Verlag

Wienold, Hanns, 1995 (1994): Schneeball-Verfahren. S. 588. In: Fuchs-Heinritz, Werner et al. (Hg.): Lexikon zur Soziologie. 3., völlig neu bearbeitete und erweiterte Auflage. Opladen: Westdeutscher Verlag